심리학으로 말하다

음악

심리학으로 말하다

음악

초판 1쇄 발행 | 2022년 4월 5일

지은이 | 수전 핼럼
옮긴이 | 조현재
펴낸이 | 조승식
펴낸곳 | 돌배나무
공급처 | 북스힐
등록 | 제2019-000003호
주소 | 01043 서울시 강북구 한천로 153길 17
전화 | 02-994-0071
팩스 | 02-994-0073
홈페이지 | www.bookshill.com
이메일 | bookshill@bookshill.com

ISBN 979-11-90855-12-9
    979-11-90855-00-6 (세트)
정가 13,500원

• 이 도서는 돌배나무에서 출판된 책으로 북스힐에서 공급합니다.
• 잘못된 책은 구입하신 서점에서 교환해 드립니다.

음악

Susan Hallam | 조현재 옮김

수전 핼럼 Susan Hallam은 런던대학교교육대학원UCL Institute of Education의 교육 및 음악심리학과 명예교수이다. 2015년에 음악교육에 대한 공로를 인정받아 대영제국훈장MBE을 수훈했다. 교수직 수행 전에는 전문음악인 및 음악교육자로 활동했다.

조현재는 이화여자대학교 통·번역대학원 한영번역학과를 졸업하고 이화여자대학교 통·번역연구소에서 번역연구원으로 일하고 있다. 옮긴 책으로는 '심리학으로 말하다' 시리즈 『일터』가 있다.

01

음악의 의미와 기능

음악은 무엇일까? 음악의 정의는 문화와 개인에 따라 달라진다. 물론 소리는 객관적으로 실재하지만, 그 소리가 음악이 되기 위해서는 우리가 음악이라고 인정해야 한다. '음악'이라고 인정되는 것은 문화, 하위문화, 개인에 따라 천차만별이다. 어떤 문화나 하위문화에서 음악이라고 해도, 다른 문화에서는 음악으로 인정되지 않을 수도 있다. 비교적 문화적 중립 입장에서 음악을 정의한다면, '음과 리듬으로 소리를 정렬해 원하는 패턴이나 효과를 내는 예술 또는 과학'[1]이라고 할 수 있다. 서양 문화에서는 역사적으로 음악의 심미적 특성에 더 많이 주목했다. 그래서 음악을 '사람의 목소리나 악기의 소리를 결합해 형식미나 감정 표현을 성취하는 예술'이라고 정의 내리기도 했다.[2] 물론 음악을 이런 식으로 정의하면 형식미나 감정 표현이 무엇인지를 개인의 판단에 의존할 수밖에 없게 되어 매우 다양한 정의가 가능해진다. 사실, 어떤 이가 '음악'에 해당한다고 보는 것을, 다른 이는 아름답다거나 감정을 잘 표현했다고 인정하지 않는 경우도 있다. 이런 관점에서 볼 때 이 책을 읽는 독자들도 어떤 장르나 스타일을 음악으로 정의할 것인지 한번 생각해 보고 싶을지도 모르겠다.

비 서양 문화권에서 음악은 매우 다른 의미를 가질 수 있다. 어떤 경우에, 음악이란 개념은 춤과 통합되어 있다. 예를 들어 나이지리아의 서남부 언어인 이그보우 어에는 음악을 지칭하는 특정 단어가 없다. '느크와nkwa'라는 단어가 '노래하다, 악기를 연주하다, 춤추다'를 의미한다.[3] 어떤 문화에서 음악 작업은 모두가 적극적으로 참여하는 집단적 활동이다. 이는 연주자와 청중의 역할이 분명하게 구분되는 서양의 클래식 음악과 대조된다. 다만 청중이 음악에 맞춰 함께 노래하고 움직이며 참여하기도 하는 비 클래식 음악의 경우에는 정도가 덜하다. 대체적으로 음악은 음악이 생겨나는 맥락과 따로 떼어 이해될 수 없다. 문화가 음악을 형성하고, 음악은 인간의 행동에 영향을 준다. 이러한 관점에서 음악은 '사회적으로 인정되는 패턴으로 구성된 소리'라고 생각할지 모른다.[4] 그러나 현대의 다문화 사회에서는 사회적으로 인정되는 음악이 하위 집단에 따라 상이하며 또 그 안의 개인에 따라서도 달라질 수 있다. 따라서 현대의 관점에서 음악은 사회적 또는 개인적으로 인정되는 패턴으로 구성된 소리라고 정의할 수 있다.

음악의 보편성

우리가 어떻게 정의하든 음악은 모든 문화에 존재하고, 보편적인 것이다. 음악은 인간성의 본질과도 같다. 음악은 공유한 감정과 경험에 보상을 제공하고, 이러한 감정과 경험을 명료하게 만드는 동시에 더욱 향상시킨다. 음악은 오랜 세월 동안 전 세계 사람들의 삶에서 중요한 역할을 해 왔다.[5] 인간의 정서에 미치는 영향 때문에 대부분의 경우 음악이 높이 평가되기는 하지만, 음악과 음악 작업의 보편적 특성을 구체적으로 파악하는 일은 쉽지 않다. 노래는 어디에나 존재하며, 대부분의 문화에서 악기를 사용한다. 이 밖의 음악의 일반적인 특성은 다음과 같다. 일정한 리듬의 존재, 선율이나 화음이 반복해 진행되는 시퀀스가 좀 더 작은 그룹의 악구로 분할되는 것, 옥타브(한 음이 다른 한 음의 두 배 또는 절반의 진동 주파수를 갖는 두 개의 음표를 포함해, 그 사이에 존재하는 여덟 개의 이어지는 음)로 분리되는 음높이들의 동등성, 완전5도(온음계의 첫째에서 마지막 다섯째까지 연속된 음표 사이의 간격)의 존재, 음높이를 전형적으로 비대칭 음체계로 구성하는 것(서양 음악에서 온음계에는 각 옥타브마다 온음 다섯 개와 반음 두 개가 있다)을 들 수 있다. 그러나 대체적으로 일관되게 공통적인 요소는 없다.[6] 현재로서는 음악이 문화적으로 학습된 규범인지, 공통된 신경 및 인지 과정의 보편적 산물인지는 확신을 가지고 말하기 어렵다. 다만 이 두 가지의 상호 작용에 근거하고 있을 가능성은 높아 보인다.

음악의 보편적 특성을 탐색하기 위한 대안적 방법에서는 음악이 유사한 감정을 표현하는 정도를 탐구한다. 서로 다른 문화들의 상이한 음조와 리듬 구조를 가진 음악이 유사한 감정을 전달할 수 있다. 확실히 음악은 매우 다양한 감정을 표현하고 끌어내는 힘을 가진다. 전 세계적으로 노래는 중요하고 공통된 인간의 경험, 예를 들어 우정, 기쁨, 위로, 지식, 종교, 사랑에 초점을 맞춘다. 이러한 주제들은 자장가와 놀이 노래, 동요와 더불어 모든 문화에서 발견되며 보편적인 것으로 보여진다.[7]

인간의 고유한 특성인 음악

음악이 가진 보편적 특성이 무엇인가라는 논의와 더불어, 음악이 인간의 고유한 특성인가라는 문제를 살펴보자. 동물이 만들어 내는 소리가 음악일까? 동물이 음악에 반응하고 음악을 만들어 낼까? 첫 번째 질문과 관련해, 동물이 만들어 내는 소리, 예컨대 새의 노래를 우리가 음악으로 여길 것인가는 대개 개인적 취향에 따라 결정된다. 두 번째 질문에 대한 대답은 보다 복잡하다. 동물이 음악에 반응한다는 증거가 있기는 하다. 예를 들어, 입증되지는 않았지만 음악을 들려주면 소가 더 많은 우유를 생산한다는 일화가 있다.

이것은 아마도 우유 분비 과정에 핵심적인 역할을 하는 호르몬인 옥시토신의 분비를 방해하는 스트레스를 음악이 줄여 주기 때문일 것이다. 인간의 소리를 흉내 내는 새가 여러 박자의 음악에 맞추어 움직일 수 있다는 증거도 있다.[8] 생물 음향학자들은 동물의 소리가 인간이 사용하는 음악적 언어와 동일한 음악적 언어로 구성되어 있다고 주장한다. 예를 들어, 새는 인간과 유사한 음높이와 리듬을 발달시켰고, 고래는 유사한 리듬, 악구 길이, 노래 구조를 비롯하여 인간의 음악에서 볼 수 있는 많은 음악적 개념을 사용한다.[9] 반면 인간과 가장 가까운 영장류 동물에서는 음악적이라고 해석할 수 있는 능력을 별로 볼 수 없다. 영장류 동물은 복잡한 음성 신호를 만들어 내는 능력이 없으며, 박자에 맞춰 몸을 움직일 수 있다는 증거도 없다.[5] 일반적으로 심지어 영장류 사이에서도, 음성 신호는 구체적인 의사소통 상황과 밀접한 관련이 있다.[10] 오늘날까지도 동물이 인간처럼 음악 활동을 할 수 있는지 여부에 대해서는 확실하게 밝혀진 것이 없다.

음악의 진화론적 중요성

또 하나 논의하고자 하는 문제는 음악이 진화론적 중요성을 가지는가의 여부이다. 불가피하게도 이 문제에 대한 대답은 추측에 근거할 수밖에 없다. 음악이 인간의 복잡한 진화론적 적응을 보여 주는 전형적 기준의 예라는 주장이 있다. 이제껏 음악이 없는 문화는 없었으며(보편성), 아이들의 음악적 성장은 대체적으로 동일한 패턴을 따르는 경향이 있다. 음악성은 보편적이며(모든 성인은 음악을 감상하고 멜로디를 암기할 수 있다), 음악을 위해 특화된 일종의 기억 장치가 존재한다. 뇌의 특화된 피질 기제들이 음악을 담당하며, 다른 종 예컨대 새, 긴팔원숭이, 고래의 신호와 유사점이 있다. 그리고 음악은 강렬한 감정을 일으킬 수 있는데 이것은 음악을 듣고 음악 활동을 하는 것이 진화론적 적응 행동임을 시사한다.[11]

음악이 진화와 관련 있다면, 그 기원은 무엇일까? 주요 이론적 설명들에서는 음악이 다음에 열거하는 원인과 관련하여 진화했을 것이라고 말한다.

- **배우자 선택**: 구애 행동의 요소

- **사회적 응집력**: 집단의 결속과 이타주의를 장려해 사회적 통합을 만들어 내고 유지

- **집단의 노력**: 집단 작업의 조율에 기여

- **지각 능력 발달**: 보다 전반적인 소리 지각 발달에 기여

- **운동 기능 개발**: 율동과 더불어 노래하고 기타 음악 참여 활동을 함으로써 운동 기능 개선의 기회를 줌

- **갈등 감소**: 논쟁이나 분쟁 가능성이 낮은 활동을 함께함으로써 집단 내 개인 간에 발생하는 갈등을 감소

- **안전한 시간 소비**: 위험한 상황에 휩쓸리는 것을 막아 주는 시간 소비 방법을 제공

- **세대를 초월한 의사소통**: 대대로 정보를 전해 주기 위한 유용한 기억 장치를 제공[12]

여러 이론에서 협력적 행동을 고무하고, 다수의 개인에게 동시에 감정을 불러일으켜 이들이 자신이 속한 집단을 스스로 보호하고 방어하는 행동을 하게 만드는 사회적 응집성과 관련한 음악의 중요성에 집중한다.[13] 사회적 응집성의 단점이라면 외₩집단을 향한 적개심을 발전시킬 가능

성이 내재한다는 것이다. 음악 작업의 다면적 성질은 삶에 필요한 다양한 중요 기술들, 예컨대 언어 발달, 듣기·관찰·평가 기술, 집중력, 의사소통 능력, 기분과 감정의 인식, 신체적 능력 등을 동시에 발달시키는 데 도움이 되기도 한다. 대체로 음악 작업은 두뇌의 여러 부분과 관련이 있다. 타인과 사회적으로 상호 작용하는 데 도움을 주고 인간을 다른 종과 구분 짓는 지적 능력을 제공하는 등, 문화의 일원이 되는 역량을 획득하고 유지하는 일을 용이하게 해 주는 고유한 역할을 해 왔을지도 모른다.[14] 이러한 주장은 수천 년 전에 이미 음악이 존재했다는 증거 때문에 설득력 있다. 발굴된 악기 중 가장 오래된 악기는 5만 3000년된 뼈 플루트로 현대의 리코더와 비슷하며, 동물의 다리뼈로 만들어졌다. 이 플루트는 매우 정교한 악기로 제작에 시간과 노력이 투자되었음을 엿볼 수 있으며, 이를 통해 당시 문화에서 음악이 중요했음을 시사한다.[9]

하지만 모든 저자가 음악이 진화론적 목적을 가지고 있다는 데 동의하는 것은 아니다. 일부에서는 음악은 다른 예술과 마찬가지로 진화론적 의미와 실용적 기능 중 어느 것도 갖고 있지 않다고 주장한다. 음악은 진화론적 기생충,[15]

청각적 치즈 케이크[16] 등으로 치부되었다. 이는 음악이 적응으로 인해 직접 가치가 발생한 다른 역량들이 등장하면서 생긴 일종의 진화적 부산물이라는 것이다. 이러한 관점에서 보면 음악은 단지 음악이 제공하는 즐거움 때문에 존재한다. 음악의 기원이 무엇이든, 음악에 참여하는 일이 인류에게 그럴 만한 가치가 있다는 점은 분명하다. 그렇지 않다면 사람들이 그토록 많은 시간을 음악 활동에 소비하지는 않을 것이다.

현대 사회에서 음악의 역할

음악은 현대 세계에서 매우 다양한 역할을 한다. 이러한 역할들은 개인, 사회 집단, 사회 전체 등 여러 수준에 따라 작동하며, 문화 내에서 그리고 문화에 따라 다양한 형태로 나타난다.

개인적 수준에서 음악의 역할

———

개인적 수준에서 음악은 감정 표현을 위한 수단이다. 우리는 말로 하는 일반적 의사소통을 통해 전달하기 어렵다고 판단되는 생각과 감정을 음악을 통해 표현한다. 깨진 관계로 인한 고통이나 사별 이후의 슬픔을 표현하는 사랑 노래들은 음악이 복잡한 감정을 표현하도록 도와주는 방식을 보여 주는 예다. 음악은 우리의 각성 수준을 변화시킨다. 우리는 휴식을 취하거나 운동할 때 의욕을 얻기 위해 음악을 이용한다. 음악은 우리의 기분과 감정을 변화시키는 데 효과적이다. 우리는 편리하게 사용할 수 있다는 장점을 활용하여[17] 감정을 조절하는 데 음악을 이용한다(4장 참조). 파티에 갈 준비를 할 때면 활기찬 음악을, 감정적으로 힘든 시간을 이겨 내기 위해서는 슬픈 음악을, 스트레스를 받을 때는 차분해지는 음악을 틀어 놓을 수 있다. 음악은 또한 우리의 정체성을 표현하게 해 준다. 듣는 음악의 종류를 보면 그 사람의 삶의 방식과 신념을 가늠할 수 있다. 음악의 이러한 점은 특히 심취해 있는 음악, 즐겨 입는 옷, 어울려 노는 친구, 하고 있는 활동들이 자신이 누구인지를 말해 주는 10대 청소년 시절의 경우 뚜렷하다. 음악의 이런 면은 온라인 데이트 사이트에서 잘 맞는 짝을 찾기 위한 하나의 요소로도 활용된다. 음악회에 참석하고, 녹음된 음반을 듣고, 음악 작업하는 일을 통해 우리는 기쁨과 심미적인 즐거움을 얻는다. 적극적인 음악 활동은 매우 도전적인 일이며, 우리에게 지적, 신체적, 감정적 자극을 주고, 목표를 성취하거나 성공적으로 연주했을 때 보상받는 기분이 들게 한다. 이외에도 음악 활동은 집중력, 자기 통제력, 신체 동작의 조정력, 읽고 쓰는 능력 등, 다방면으로 이용 가능한 기술을 다양하게 향상시킬 수 있다(8장 참조).[18]

집단적 수준에서 음악의 역할

음악은 집단을 위해서도 중요한 역할을 한다. 의미, 이해, 경험의 공유를 통해 의사소통의 대안적 수단을 제공한다. 예를 들어, 역사적으로 음악은 전쟁터에서 움직임을 조직하고, 공통된 목표를 세우고, 두려움을 극복하기 위해 이용되었다. 음악은 사회 집단을 결속시키고, 독자성을 개발하는 데 도움이 된다. 학교나 청소년 집단 같은 조직의 경우처럼, 미식축구 팬들도 자신이 좋아하는 팀을 응원하기 위한 노래를 가지고 있다. 청소년은 부분적으로는 그들의 음악으로 규정된다고 해도 과언이 아니다. 음악은 그들이 선택한 젊은이 문화를 반영하는 일종의 사회적 징표를 만들어 내며, 이런 징표는 헤비메탈과 랩/힙합의 경우처럼 어떨 때는 부정적으로 인식되기도 한다. 역사적으로 음악은 노동의 현장에서 이용되어 왔다. 예를 들어, 영국 BBC 방송국 프로그램 '일할 때 듣는 음악'은 생산 라인에 있는 직원들에게 동기를 부여해 높은 생산성을 유지할 수 있도록 고안된 활기찬 음악으로 구성되었다. 이들은 때로는 행진이나 노 젓기처럼 개개인이 말 그대로 제시간에 함께 작업을 할 수 있도록 도움을 준다. 사무실에서 하는 작업이 증가하면서, 이제는 개인들이 동시에 같은 음악을 듣는 환경에 있기보다는 자신이 선택한 음악을 헤드폰으로 들으며 일에 집중하게 될 가능성이 커졌다.

감정 표현은 집단 수준에서 중요하다. 예를 들어, 시위 현장에서 음악은 핵무기, 베트남 전쟁, 환경 파괴와 같은 이슈를 효과적으로 제기하게 해 준다. 음악은 찬송가와 성가를 부르는 등 대부분의 종교적 예배에서도 역할을 하며, 기도를 하는 데도 도움을 준다. 이처럼 음악은 말로는 불가능한, 영적인 관심을 경험하고 표현할 수 있도록 해 준다. 음악은 결혼식이나 생일과 같이 축하할 일이 있을 때도 흔히 존재한다. 행복과 감사를 표현하는 매우 강력한 수단으로, 춤과 함께하면 그 효과가 증폭된다. 마찬가지로 음악은 장례식에서도 사용되어 비통한 심정을 표현하게 한다. 공동체가 변화의 시기를 겪는 동안, 예컨대 피난민과 이민자의 처지가 되었을 때 음악은 자신의 뿌리를 잊지 않게 해 주기도 한다.

사회에서 음악의 역할

사회 전체에서 음악은 다른 것, 생각, 행동을 상징적으로 표현하는 수단이 된다. 예를 들어, 음악은 지역 고유의 노래나 국가를 통해 지역 또는 국가의 정체성을 나타내고, 노래를 통해 애국심, 용기, 영웅적 행위, 반란을 표현한다. 찬송가, 성가를 통해 종교를 대표할 수도 있다. 경고성 메시지를 담은 발라드를 통해 사회 규범에 대한 순응을 이끌어 내기도 한다. 또한 음악은 모든 주요한 의식 행사, 예를 들어 국가 규모의 결혼식, 군대 행사, 장례식, 국가 스포츠 행사를 빛나게 한다. 1990년 국제 축구 연맹FIFA 월드컵 결승전에서 세계적인 테너 루치아노 파바로티Luciano Pavarotti가 푸치니 오페라 투란도트의 유명한 아리아 '공주는 잠 못 들고Nessun Dorma'를 불렀던 것과 다이애나 비의 장례식에서 세계적인 가수 엘튼 존Elton John이 '바람 속에 빛나는 촛불Candle in the wind'을 불렀던 것을 어느 누가 잊을 수 있겠는가? 우리가 비슷한 방식으로 우리 문화의 음악에 반응하기 때문에, 음악은 사회의 지속과 안정, 통합과 응집에 기여한다.

음악의 힘은 국가가 음악을 통제하려고 시도할 수 있다는 점이 반증해 준다. 나치 시절 독일에서는 적절한 애국심을 만들어 내기 위해 대중 집회에서 사용할 음악을 고르는 데 매우 신중을 기했다. 중국에서는 문화 혁명 기간 동안, 서양의 음악은 퇴폐적이라고 비난받아 금지되었다. 오늘날 러시아에서 펑크 밴드 푸시 라이엇Pussy Riot의 멤버들은 2012년 모스크바 구세주 성당Cathedral of Christ the Saviour 공연에서 난동을 부린 혐의로 체포된 후 2년의 징역형을 선고받았다. 같은 해, 팝 가수 레이디 가가Lady Gaga는 그녀의 의상과 춤이 젊은이들을 타락시킨다는 이슬람 보수주의자들의 시위 후, 전 석 매진되었던 인도네시아 공연을 취소해야만 했다.

음악은 사회 내에서 다양한 기능을 할 뿐만 아니라, 음악의 특성은 그 사회의 가치, 태도, 특징을 반영한다. 예를 들어, 서양의 클래식 전통은 주위의 상황을 합리적으로 설명하고 이해하고자 하는 욕구를 반영했다. 우리 기억의 한계가 있던 구전 문화 시절에 음악에서 기보법이 발달하게 되자 더 많은 것을 미래 세대에 전수할 수 있게 되었다. 최근의 녹음 기술은 이제 음악이 기보법 없이도 전수될 수 있음을 의미한다. 이로 인해 전문 음악인들이 귀로 듣고 연주할 수 있는 능력이 더욱 강조되게 되었다. 기술의 진보는 우리가 일상생활 속에서 음악을 이용할 수 있는 가능성과 다른 문화권의 음악에 대한 접근성, 음악적 능력을 개발시키는 방법, 그리고 개인이나 집단이 서로 떨어진 장소에 있으면서도 함께 조정하며 연주할 수 있도록 하는 방법들에 영향을 주었다.

음악의 심리학

음악의 심리학은 고대 그리스에서 시작된 긴 역사를 가지고 있다. 피타고라스(기원전 580~500)는 삼각형과 관련된 피타고라스의 정리로 더 잘 알려져 있지만, 모노코드(하나의 현으로 된 음향 측정기)를 이용한 일련의 실험을 통해 음악 이론을 위한 초석을 쌓기도 했다. 또 초기 그리스 교육 체계에서는 산수, 기하학, 천문학과 더불어 음악을 수리 과학에 포함시키기 위한 기반을 마련했다. 19세기 현대적 음악 심리학이 등장했으며, 소리의 특성과 음악적 능력의 측정 및 본질의 이해를 특히 강조했다(6장 참조). 1960년대 이후 이 범위는 확대되어 음높이, 리듬, 화성, 멜로디 등의 음악적 인식 대상[19, 20, 21]과 이에 대한 우리의 반응에 대한 연구(2장 참조), 우리의 음악적 선호를 포함한 음악적 발전(3장 참조), 음악 학습과 연주(6장과 7장 참조)에 대한 연구를 포함하기에 이르렀다. 좀 더 최근에는 음악이 우리 감정에 미치는 영향, 우리가 일상생활에서 음악과 상호 작용하는 방식(2장과 4장 참조), 음악이 우리의 건강과 웰빙(5장 참조), 지적 기능(8장 참조)을 이롭게 하는 면이 강조되고 있다.

그래서, 음악은

무엇이 음악인가는 문화에 따라, 개인에 따라 서로 다르게 규정된다. 음악은 모든 문화에 존재하지만, 문화에 따라서 달라진다. 오랜 세월 동안, 음악은 인간의 고유한 특성으로 여겨졌다. 그러나 최근의 연구에서는 이러한 믿음에 의문을 갖기 시작했다. 단순히 흥미를 위한 것이기는 하지만, 음악의 매우 다채로운 진화론적 역할도 제시해 보았다. 음악은 사회, 집단, 개인 등 각 수준별로 다양한 역할을 한다. 사회적 수준에서 음악은 문화적·사회적 규범, 제도, 종교가 지속될 수 있도록 도와준다. 사회 내 집단의 수준에서는 집단의 구성원 자격을 규정하고 결집력을 유지하는 데 중요하다. 개인 수준에서 음악은 감정, 활동 수준, 웰빙, 의사소통, 정체성에 영향을 준다. 음악 심리학은 우리가 소리를 처리하는 방식, 우리의 감정·일상생활·인지 능력에 미치는 영향, 일반적이거나 전문적인 음악 역량을 개발하는 법 등을 포함해 사회 내 개인과 집단을 위한 음악의 역할에 특히 주목한다.

02

음악 뜯어보기

소리를 처리하는 능력은 우리의 생존에 필수적이다. 우리
는 심지어 잠을 자고 있을 때도 소리를 처리한다. 따라서
우리가 강력한 소리 처리 체계를 갖추고 있다는 사실이 놀
라운 일은 아니다. 소리를 처리하는 능력은 너무나 중요하
기 때문에 태어나기도 전에 이미 우리의 두뇌에서는 소리
를 처리하는 구조가 작동한다(3장 참조). 음악을 처리하는
신경 체계는 두뇌 전반에 광범위하게 분포되어 있으며 국
소적으로 특화된 영역도 있다. 뇌 내 다른 네트워크들이 언
어 네트워크 등과 같은 다른 네트워크와 공통으로 이용되

는 반면, 일부 신경 네트워크는 특별히 음악과 관련이 있다.

음악을 듣는 능력은 따로 가르칠 필요가 없다. 음악을 들을 때, 우리는 신속하게 그리고 때로는 의식할 사이도 없이 매우 많은 양의 정보를 처리한다. 정보 처리를 쉽게 할 수 있는 정도는 우리가 이전에 가졌던 음악적 경험과 문화적으로 우리에게 익숙한 조성 체계에 따라 좌우된다. 이러한 지식은 은연중에 존재하는 것으로 언제나 의식적으로 생각해 낼 수 있는 것은 아니며, 우리가 음악을 들을 때마다 자동으로 적용된다. 영어, 스페인어, 중국어 등 언어에 노출되어 말을 습득하는 것과 매우 동일한 방식으로 음악을 듣고 처리하는 능력도 음악에 노출됨으로써 자동으로 습득하게 된다. 이러한 방식으로 우리는 음악의 규칙적인 패턴과 구조에 대한 지식을 얻는다.

우리가 음악을 들을 때에는 음악을 처리하는 과정에 아무런 노력도 들이지 않는 것처럼 보인다. 그러나 우리는 소리의 복잡한 흐름을 분석하고, 분할하고, 부호로 처리하느라 바쁘다. 개별적인 소리와 악구(음악 주제가 비교적 완성된 두 소절에서 네 소절 정도까지의 구분―옮긴이 주)가 결합하여 보다 긴 음악적 효과를 만들어 낼 때 우리는 이러한 소리와 악구를 인지하고 이해하고, 중요한 테마와 양식을 기억해야 한다. 이것은 우리가 인식하지 못하는 가운데 이어지며, 모든 과정은 자동으로 이루어진다. 이런 과정이 발생하기 위해 음악적 훈련이 필요한 것은 아니다. 다만 음악적 경험이 있다면 우리 안에 잠재한 음악적 지식은 더욱 세련되어질 것이다. 이러한 능력은 매우 손쉽게 터득할 수 있기 때문에 정식 교육을 거치지 않은 사람들의 음악적 역량이 과소평가되는 경향이 있다.

음악을 처리하는 방식은 정식 교육을 받은 사람이나 그렇지 않은 사람이나 사소한 차이만 있을 뿐이다. 음악을 업으로 삼는 사람이 아니라면 음정을 알아차리거나 복잡한 화성 안에 있는 음의 차이를 구별하는 게 어렵다고 느낀다. 이들은 음악적 주제도 느리게 파악한다. 그럼에도 불구하고, 비 음악가들 또한 어느 정도 절대 음감을 가지고 있다(6장 참조). 그들은 자주 듣는 음반과 똑같은 속도의 박자와 똑같은 음높이의 멜로디를 기억한다.[1] 대체적으로 인간의 두뇌는 교육 없이도 음악을 처리할 수 있는 소질이 있지만, 풍부한 음악적 환경에 노출되면 향상될 여지가 있다.[2] 어린 시절에 노출되는 음악 환경의 유형은 사람마다 천차만별이며(3장 참조), 우리는 나이가 들면서 어느 정도로 음악 활동을 하고 싶은지를 선택한다. 어떤 사람들은 연주하거나 노래하는 등 적극적으로 음악 활동에 참여하는 쪽을 선택하고, 반면 다른 사람들은 음악을 들으며 시간을 보내는 것을 선호한다. 이런 활동들의 특성에 따라 음악을 처리하고 이해하는 방식이 달라진다.

음악 교육을 받은 적이 있는가? 그렇다면, 그 교육으로 음악을 듣는 방식에 변화가 생겼는가? 변화가 있었다면, 어떤 변화였는가?

음악의 처리와 두뇌

우리가 음악을 처리하기 위해서는 뇌의 많은 부분에 걸친 신경 활동이 요구된다. 측두엽의 청각 관련 부분, 전두엽의 청각 작업 기억 부분, 변연계의 감정 센터 등이 그 예다. 뇌 손상을 입은 환자를 대상으로 한 연구에서 음악적 기능은 손상의 성질에 따라서 변하지 않거나 장애를 입지 않을 수도 있음을 보여 주었다. 음악적 기능을 상실하는 실失음악

증에는 언어 기능을 상실하는 실어증이 동반되는 경우가 종종 있으나, 둘 중 하나만 발생할 수도 있다. 뇌 손상으로 다양한 음악적 기능에 지장이 생길 수 있다. 악기 연주하기, 소리 만들고 조화시키기, 잘 알려진 멜로디를 파악하고 노래하기, 악보 읽기, 박자 인식하기, 음의 세기·길이·음색의 차이를 구별하기, 악보 베껴 쓰기 등 다양하다. 이러한 다양성은 음악과 관련된 행위가 양쪽 대뇌 반구 전반에 어느 정도 걸쳐 있는지를 나타낸다.[3]

중요한 문제 중 하나는 구성 및 리듬 체계가 서로 다른 음악을 가진 문화권의 사람들이 음악을 처리하는 방법에 있어 문화적 차이가 존재하는가의 여부이다. 이제까지 밝혀진 바에 따르면 두뇌는 친숙하지 않은 악기보다는 친숙한 악기에, 그리고 특정 장르의 음악에 좀 더 민감하지만, 관련된 기본 처리 과정은 동일하다.[4]

음악의 처리

음악을 들을 때 우리는 들어오는 소리를 일련의 개별적 사

건인 음악 소리 부분과 반복 진행되는 시퀀스로 분류해야
한다. 서양의 조성 음악에서는 음높이의 차이, 음색(소리의
특성)의 유사함, 박자의 조밀성, 바이브레이션 정도의 유사
성 등 다양한 신호들이 있어 이 과정을 돕는다.[5] 이런 수준
의 분석은 '청각 장면 분석'으로 개념화되었다. 이것은 인
간의 청각 체계가 어떻게 소리를 의미 있는 단위로 조직하
는가에 관한 것이다. 이 과정을 뒷받침하는 핵심 원칙은 박
자, 멜로디, 진동수, 화성 전반에 걸쳐, 유사하거나 가장 근
접한 대상을 함께 구분 짓는 것이다.

　뇌가 여러 다른 소리에 노출되면서 규칙적으로 나타나
는 패턴을 습득하는 능력을 통해 우리는 자동적으로 음악
을 처리하게 되었다. 주변 환경에서 특정한 소리가 빈번하
게 발생하면, 소리의 인식을 돕는 신경 체계는 더욱 견고해
진다. 이는 내적 프레임인 스키마가 개발될 수 있도록 지원
한다. 스키마는 학습된 패턴으로, 음악의 기본 요소에 대한
심적 표상을 형성하며, 음악적 경험을 얻으면서 변화되고,
우리가 음악을 이해할 수 있게 해 준다. 더 많이 배울수록
우리는 또 다른 스키마에 집중할 수 있고 상이한 음악 요
소들도 구별할 수 있게 된다. 소리가 매우 다른 경우, 예를

들어 음높이, 리듬, 박자 또는 음색에 큰 변화가 있는 경우
(다른 악기들이 만들어 내는 소리인 경우가 흔하다)에 이러한 구
별이 쉽다. 음악을 들을 때, 우리는 어떤 흐름에 주의를 기
울일 것인지 선택할 수 있다. 예를 들어, 차이콥스키의
'1812년 서곡'에서, 우리는 나폴레옹 통치하의 프랑스를
대표하는 '라 마르세예즈La Marseillaise'에 초점을 맞출 수도
있고, 러시아 군대를 대표하는 주제에 초점을 맞출 수도 있
다. 이것은 리듬과 멜로디가 상이한 두 개 이상 성부가 조
화롭게 서로 연계되어 있는 대위법의 한 예다. 대위법은 바
흐의 음악에서 흔하다. 예를 들어, '프렐류드와 푸가 13번
올림 바 장조F# Major', 바흐 작품 번호 858번BWV 858을 참
조하기 바란다.

리듬, 박자, 음보의 처리

음악에서 시간의 처리는 일반적으로 리듬, 박자, 음보의 차
원으로 개념화된다. 리듬은 일정한 시간 간격을 가진 패턴
들이 배열되는 방식이며, 음악의 구조를 구성하는 핵심이

다. 많은 음악에는 박자 또는 비트의 개념도 포함되는데, 이는 음악의 템포(속도)에 따라 변화한다. 박자는 음악을 균일하거나 또는 균일하지 않은 단위로 나눈다. 음보는 박자의 강세가 조직되는 방식이다. 예를 들어, 왈츠에서는 강세가 3박자의 첫 번째에 있는 반면, 행진과 대부분의 대중음악에서는 2박자마다 강세가 있다. 모든 문화에서 규칙적인 박자와 음보가 개념화되어 있는 것은 아니다. 예컨대, 북인도 음악 '탈라tala'에는 음보가 있지만 반드시 규칙적으로 반복되는 패턴을 갖고 있는 것은 아니다. 이러한 차이점은 다양한 문화권의 사람들이 다양한 방식으로 템포의 구조를 인식할 수 있다는 의미이다.

리듬, 박자, 음보의 처리를 위해서는 각각 다른 계산 과정이 필요하다. 리듬을 처리할 때, 우리는 길이가 각기 다른 다양한 시간 간격을 분석해야 한다. 템포를 처리할 때는 박자의 진동수를 파악해야 한다. 이것은 비교적 간단한 분석으로 이루어지며 뇌의 상당히 오래된 신경 체계를 활성화한다. 음보를 처리할 때는 강약 비트가 반복되는 주기를 파악해야 한다. 이것은 뇌의 오래된 체계(예를 들면 기저핵)와 고등 인지 체계(예를 들어 집행 기능과 관련이 있는 전전두엽

체계)와 관련이 있다. 우리가 음악을 들을 때, 이러한 과정의 각 활동은 동일한 시간에 발생한다. 음악을 들으면서 어떤 활동을 가장 손쉽게 확인할 수 있는지 살펴보라. 어느 것이 다른 것보다 더 두드러지는가?

리듬에 맞추어 몸을 동시에 움직이는 일은 어느 문화에서나 발생하며 따로 교육이 필요한 것도 아니다. 가령 우리는 발로 박자를 맞추는 등, 복잡한 음악 리듬과 동시에 몸이 움직이도록 조정한다. 이것은 음악적 동조entrainment라고 알려져 있다. 이는 매우 복잡한 활동으로, 청각적, 시각적 인식뿐만 아니라, 자기 수용 감각(공간에서 팔다리가 어떻게 방향을 잡는지에 대한 감각) 인식과, 공간에서의 평형 감각, 방향 감각과 관련된 전정 인식과도 관련이 있다. 여러 모델에서 박자와 음보의 처리 방법을 설명하고자 시도하고 있으며, 그중 일부 모델은 음악적 동조에 기반을 두고 있다. 예를 들어, 신경 공명 이론에서는 박자와 음보의 인식은 뇌에서는 리듬에 상응한다고 주장한다.[6] 다른 모델들은 처리 과정을 뒷받침하는 원칙을 집중적으로 연구한다.

음조, 높이, 멜로디, 화성

음악을 처리하는 과정은 대개 음조와 멜로디의 흐름에 따라 달라진다. 서양 음악 장르에서 음조는 일반적인 중심 조직 요소이다. 음의 높이는 개별적인 음정으로 분할되어 음계를 형성하며, 가장 일반적인 음계는 온음계와 반음계이다. 서로 다른 문화에는 상이한 음계가 있다. 인도의 라가raga, 인도네시아 가믈란gamelan 음악의 슬렌드로slendro와 페로그pelog, 페르시아의 다스트가하dastgah 혹은 마캄maqam이 그 예다. 대부분의 음계는 다른 크기의 음정을 사용한다. 음계는 열두 개 음높이의 집합으로 형성되고 일곱 개 음높이의 여러 하위 집합을 지닌다. 이 각각의 일곱 개 음높이가 조성을 규정한다. 서양의 조성 음악에서 음조는 특정한 음, 즉 으뜸음을 기준으로 규정된다. 으뜸음은 대부분의 서양 음악을 처리할 때 가장 중요한 기준으로, 다른 모든 음을 고정시킨다.

멜로디는 청각적 그룹화를 통해 인식되는데 이는 연속한 음들이 한데 모여 형성한 흐름을 인식한 것이다.[7] 음은 음높이나 박자 면에서 서로 가까울 때 동일한 흐름으로 분류되기 쉽다. 종적 배열은 음들이 집단을 이루어 화음을 형성하는 화성을 만들어 낸다. 많은 음악에서 어떤 화음은 다른 화음보다 더 중요하다. 일반적으로 음계의 으뜸음, 네 번째 또는 다섯 번째 음을 기초로 한 화음이 그러하다. 많은 대중음악이 이 세 개의 화음을 기반으로 하고 있다. '언덕 위의 집Home on the Range'이나, 밥 딜런의 '바람에 날리는 Blowing in the Wind'이 그 예이다.

조성의 계층을 설명하는 주요한 모델 두 가지가 있다. 조성 음정 공간Tonal Pitch Space 이론[8]에서는 사람들이 음악을 들을 때 음높이와 화음이 으뜸음과 상대적으로 가깝다 혹은 멀다는 식의 질서 정연한 방식으로 듣는다고 말한다. 신경 체계 모델에 기반을 둔 또 다른 이론[9]에서는 3단계 시스템이 계층적 순서에 따라 음, 화음, 조성을 연결한다고 말한다. 우리의 청각 및 처리 체계가 지닌 기본 특성 때문에 어떤 음표들의 조합이 다른 조합보다 더 조화롭게 들리는 것인지도 모른다. 다만 이는 자신이 속한 문화의 조성 체계를 습득하는 과정에서 이미 그런 조합을 학습하였기 때문일 수 있다. 특정한 조합들을 불협화不協和 패턴들보다 선호하게 되는 것도 그것들에 익숙해졌기 때문일지도 모른다. 예를 들어, 우리가 무조성 음악을 들으며 자랐다면 우리는 무조성 음악이 조화롭고 듣기 좋다고 인식했을 것이라는 주장이 가능하다. 쇤베르크Schoenberg의 연작 가곡 '달에 홀린 피에로Pierrot Lunaire'(1912) 또는 알반 베르크 Alban Berg의 오페라 '보체크Wozzeck'(1925)를 들어 보고 어떤 생각이 떠오르는지 확인하길 바란다.

음색의 인식

음색은 음악 소리나 목소리의 특징 또는 질을 말한다. 음색 처리 과정은 우리가 여러 소리의 원천을 개별적으로 추적할 수 있는 방법 중의 하나다. 음색은 하나의 음원에서 나오는 것일 수도 있고, 여러 악기가 조합하는 경우처럼 함께 작동하는 많은 음원에서 나오는 것일 수도 있다. 음색은 긴장과 이완을 활용해 음악적 표현을 풍부하게 할 수 있다. 음악가가 아닌 사람들은 음높이보다는 음색의 변화에 더 민감한 편이다.[10]

규모가 큰 음악 유형의 처리

음악을 들을 때, 특히 연주 시간이 긴 작품의 경우, 우리는 어느 것이 가장 중요한 부분인지 파악할 수 있어야 할 때가 있다. 어떤 부분은 구조적으로 중요한 반면, 다른 부분은 단순히 장식용이다.[11] 조성 음악의 발생 이론generative theory of tonal music[12]에서는 음악적 문법의 규칙을 확인함으로써 우리가 어떻게 이를 처리하는가의 문제를 설명한다. 이와 관련해 네 가지 유형의 계층 구조가 제시되었다.

- **그룹화 구조**: 우리가 음악을 주제, 악구, 악절로 분할하는 방식
- **음보 구조**: 박자의 강약
- **시간-범위 정리**: 음높이와 리듬의 연결, 리드미컬한 음악의 구조적 중요성
- **연장된 부분의 정리**: 긴장-이완 패턴의 계층

또 다른 이론에서는 신호 추상화에 주목한다.[13] 이 이론에서는 우리가 음악을 들을 때 차이점과 유사점에 기반해

음악을 서로 다른 여러 길이로 나누고, 이를 통해 그 음악 스타일의 특징들을 통합시키는 기억 단위를 만들어 낸다고 주장한다.

음악의 기억

___

음악의 긴 시퀀스를 기억하는 일은 복잡한 과정이다. 일반적으로 우리는 우리가 어떻게 그렇게 하는지에 대한 인식 없이도 음악을 기억한다(7장 참조). 자신이 속한 문화의 조성, 리듬, 박자, 음보와 관련해 발달한 스키마는 우리가 음악을 기억하는 기반이 된다. 특정 음악에 대해 가지고 있는 우리의 기억은 이 음악적 틀인 스키마 안으로 통합된다. 우리는 자주 들었던 음악을 기억한다. 어떤 음악 작품을 더 많이 들을수록 그것을 인식하도록 돕는 신경 체계도 강해진다. 우리는 익숙한 곡조를 상당히 추상적인 방식으로 기억하는 듯하다. 그 곡조가 상이한 음높이, 템포 또는 다른 악기로 연주되었을 때도 여전히 인식할 수 있기 때문이다.[1] 우리가 어떤 음악 작품을 반복적으로 들으면, 그 음악이 가진 구조 및 주제들 사이의 관계에 대한 이해를 높일 수 있다. 우리는 음악에 관한 사실을 담은 정보도 기억하지만, 이것은 음악 자체에 대한 기억과는 별개로 다른 뇌 부위에서 이루어진다.

전에 들었던 음악이, 심지어 이제는 더 이상 듣지도 않는데 머릿속을 계속 맴돌던 적이 있지 않았는가? 이렇게 자꾸 귓전에 맴도는 곡조가 있는 현상은 귓속의 벌레에 비유한다. 이런 현상은 최근에 들은 익숙한 음악인 경우가 일반적이지만, 다른 경험에 의해 작동되기도 한다. 예를 들어 노래에 나오는 단어나 음이 요인이 될 수도 있고 또는 노래와 관련된 감정이 될 수도 있다.[14] 거의 모든 사람이 이런 현상을 경험하지만, 여성의 경우 남성보다 더 오래 경험이 지속되며 이것을 더 짜증스럽게 받아들이는 경향이 있다.[15]

음악에 대한 반응

음악을 들을 때 여러분은 어떻게 반응하는가? 분위기와 행동도 변하는가? 음악의 구조나 어떤 악기가 사용되었는지를 알아내기 위해 애쓰는가? 인간은 생리적으로, 움직임을 통해서, 행동의 변화를 통해서, 심미적으로, 지적으로, 기분·각성 수준·정서의 변화를 통해서 등 매우 다양한 방법으로 음악에 반응한다. 다음 부분에서는 이러한 이슈들을 알아볼 것이다. 글을 읽으며 독자 여러분은 음악에 반응하는 자신만의 다른 방식에 대해서 연구해 보고 싶다는 생각을 할지도 모른다.

음악에 대한 생리적 반응

심박 수, 호흡, 혈압, 근육의 긴장, 움직임, 자세, 위 수축 등을 포함한 다양한 생리적 반응에 음악이 어떤 효과를 미치는지 연구가 이루어졌다. 음악을 활력 징후와 연관 짓는 뚜렷한 패턴이 발견되지는 않았다. 빠르고, 크고, 신나는 음악이 생리적 수치를 높일 것으로 예상 가능하겠지만, 실제로 항상 그런 결과가 나오지는 않는다. 마찬가지로 차분한 음악이, 빈도수가 높기는 해도 늘 생리적 반응을 줄이는 방향으로 작용하는 것도 아니다. 그 이유는 우리 반응이 다른 요인들, 예를 들어 특정한 음악 작품에 대한 선호와 우리의 삶에서 벌어지는 사건과의 관련성, 음악을 듣는 빈도, 음악 교육의 여부, 각자의 개성에 의해서도 영향을 받기 때문이다. 또한 음악은 뇌 속의 보상 및 즐거움에 관여하는 신경 체계에 긍정적인 영향을 주기도 한다.[1]

음악과 움직임

많은 음악적 경험이 움직임과 관련이 있다. 움직임과 음악의 관계는 아기가 엄마 또는 성인 보호자와 함께 움직임을 하는 유아기 시절부터 시작된다. 어른들은 아기를 부드럽게 흔들어 재우면서 자장가를 불러 주고, 아이를 깡충깡충 뛰게 하며 놀이 노래를 불러 준다. 음악과 움직임은 아이 양육과 사회적 유대의 형성, 일상생활에 언제나 중요한 역할을 해 왔다. 음악은 춤을 통하여, 그리고 구애, 축하, 예배 등과 관련된 다양한 활동들을 통하여 움직임을 만들어 낸다. 음악을 동반한 움직임은 음악적 경험의 핵심이며, 음악에서 분리할 수 없다.

행동에 미치는 효과

———

음악은 우리 행동에 영향을 준다. 음악은 움직임에 대한 자극제가 될 수도 있고 휴식을 도와줄 수도 있다. 어린아이들은 신나는 음악이 연주되면 더 활발해진다. 우리는 휴식을 취하기 위해, 다양한 체력 단련 활동을 돕기 위해 음악을 사용한다. 다만 여기서 음악의 영향은 활동 자체에 대해 특정 영향을 미치는 측면보다는, 주로 동기와 관련이 있다. 음악이 행동에 미치는 효과의 극단적인 사례는 음악이 무아지경과 같은 상태를 만들어 내는 것이다. 음악이 행동에 미치는 효과는 4장에서 더 자세히 다룰 것이다.

음악에 대한 심미적 반응

———

심미적 반응은 아름다움이나 추함에 대한 주관적, 개인적 반응이다. 따라서 각 개인의 취향과 판단에 달렸다. 심미적 반응은 음악을 평가한다는 측면에서 정서적 반응과는 다르다. 심미적 반응을 오로지 순수 예술과 관련해서만 개념화하려는 경향이 있지만, 어떤 이들은 심미적 경험이 어떠한 예술 형태에 대한 반응에도 적용될 수 있다고 말한다. 따라서 대중음악 애호가가 자신이 좋아하는 아티스트의 최신 앨범 발매에 대해 하는 반응이나, 최고의 교육을 받은 음악가의 새로운 음악 창작물에 대한 반응이나 다를 게 없다는 것이다. 심미적 경험을 뒷받침하는 신경 체계에 대한 연구[16]에서는 이때 최소한 세 가지 상이한 종류의 인식 가능한 뇌 활동이 관여한다고 한다. 바로 하위 수준 감각 과정의 개선과 더불어 상위 수준 및 하향 감각 과정의 개선 그리고 평가적 판단과 관련 있는 피질 영역의 활성화, 뇌 내 보상 회로의 관여를 그 세 가지로 제시했다. 심미적 판단은 진화론적 중요성을 띨지도 모른다. 예술의 평가와 관련된 피질 영역이 음식과 배우자 선택에 대한 판단과 관련된 피질 영역과 중첩되기 때문이다.[17] 여러분은 어떤 종류의 음악이 아름답다고 말하겠는가? 아름답다고 말하지는 않더라도 정말로 즐겨 듣는 음악이 있는가? 그 음악의 어떤 점이 즐겨 듣도록 만드는가?

지적인 자극

음악은 지적 자극의 원천이 될 수 있다. 음악 듣기, 음악의 구조와 형태 파악하기, 음악 분석, 여러 문화에 걸친 음악의 역사와 형태 공부하기, 악기 연주나 가창 배우기, 작곡하기, 즉흥 연주하기, 준비된 연주하기 등 모든 활동이 지적 자극과 도전이 된다. 이는 평생에 걸쳐 해당되며, 정규 교육 이수 경험이나 적극적인 음악 작업 참여 등에 국한되지 않는다. 예를 들어, 음반 수집가들이 음반을 수집하는 부분적인 동기는 음악에 대한 지식과 이해를 넓히고 싶은 욕구이다.[18]

기분과 각성의 수준

우리는 때론 기분을 살피고 조절하기 위해 음악을 사용한다. 실제로 기분을 조절하기 위해 가장 일반적으로 하는 활동이 음악 감상이다.[18] 일반적으로 느리고 조용한 음악은 불안을 줄여 주고, 활기찬 음악은 우리의 각성 수준을 높이는 경향이 있다. 다만 아직까지는 어떤 음악 구조가 어떤 기분과 감정을 불러일으키는지를 정확히 구체적으로 명시하기에는 어려움이 있다. 성별, 나이, 사회 계층의 차이에 대한 연구가 이루어졌지만 분명한 패턴을 밝혀내지는 못했다. 단지 일부 연구에 따르면 정규 교육이 효과가 있는 것으로 나타났다. 대체로 상당히 다른 유형의 음악들이 동일한 방향으로 기분을 변화시킬 수 있다. 이것은 아마도 음악을 듣는 개인이 가진 특성과 음악과 관련된 이전 경험이 중요한 매개체가 되기 때문일 것이다. 예를 들어 좋아하는 음악이라면 어떤 종류의 음악이든 긴장감을 낮추어 줄 수 있는 반면, 신나는 음악을 들으면 음악을 듣는 사람이 그 음악을 좋아하든 아니든 상관없이 생리적 반응이 더 커지는 경향이 있다.

청소년의 경우 음악을 일종의 오락 활동으로 이용할 수 있는데, 심리적 적응에 부정적인 영향을 줄 수 있는 문제들에 대한 생각을 피하기 위해서이다. 그러나 음악이 언제나 긍정적인 영향을 주는 것은 아니다. 부정적인 주제, 예를 들어 정신적 고통이나 자살, 죽음 등을 다루는 음악을 들으면 우울 증상과 자살 충동을 증가시킬 수 있다.[18]

음악에 대한 감정적 반응

앞서 1장에서 살펴본 바와 같이, 대부분의 사람들은 자신이 속한 문화의 특정 음악 작품이 표현하고자 하는 감정들을 파악할 수 있으며, 때로는 다른 문화권의 음악과 관련해서도 감정을 파악할 수 있다. 특정 음악과 인지된 감정 사이에 연결 고리를 찾는 일은 쉽지 않다. 어떠한 음악적 구조라도 다양한 감정을 표현할 수 있다. 음악이 표현하는 감정의 인식은 단 하나의 음악적 효과에 의해 결정되지 않으며, 함께 상호 작용한 많은 요소들에 달려 있다. 대체로 음악이 감정을 표현하는 방식은 하나의 엄격한 과학적 관점에서 파악 가능한 성질은 아닐 것이다.[19]

우리는 음악이 묘사하고자 하는 감정을 파악할 수 있지만, 이것이 곧 우리가 그 감정을 경험한다는 의미는 아니다. 음악에 대한 우리의 감정 반응은 변동 폭이 상당히 넓고, 복잡한 사회-문화적, 역사적, 교육적, 문맥상의 변수에 따라 달라진다. 음악 관련 경험은 우리의 기분에 영향을 줄 수는 있지만 우리의 감정에 영향을 주지는 못하는 것 같다.[20]

어떤 사람들은 음악에 매우 강하게 반응한다. 오싹함을 느끼거나, 울음을 터뜨리거나, 목이 메인 듯한 느낌을 받고, 몸서리치고, 뒷목이 껄그러운 느낌을 받고, 등줄기가 얼얼해지거나, 소름이 돋기도 한다. 그러한 경험과 감정 사이에 정확히 어떤 관련이 있는지는 분명치 않다.[21] 음악을 들을 때 어떤 사람들은 '절정'의 감정을 경험한다고 한다. 예를 들면 흥분, 기쁨, 황홀감 등이 가장 일반적이다. 이보다는 흔하지 않지만 유사-신체적, 지각과 관련된, 인지적인, 실존적인, 선험적인, 종교적인 경험도 있다.[19] 여러분은 음악과 관련해 절정을 경험한 적이 있는가? 그때 무엇을 듣거나, 연주하거나, 노래하고 있었는가? 그 음악의 어떤 요소가 그런 경험을 초래했다고 생각하는가?

대체로 음악에 대한 감정적 반응은 크게 세 가지로 설명할 수 있다. 첫 번째는 음악적 자극과 감정적 반응 사이에는 사전에 연결된 부분이 있다는 것이다. 우리가 시끄러운 소음에 반응하는 것과 동일한 방식으로, 우리는 의식적인 사고 없이도 음악 소리에 즉각적으로 반응한다. 음악의 템포, 강약, 음높이, 음색이 변할 때 그 변화들이 감지되고 우리의 자율 신경계가 반응한다. 음악에 대한 강렬하고 긍정적인 감정 반응에 대한 연구에 따르면 이와 관련된 뇌 영역이 보상에 대응해 활성화하는 영역들이라고 한다. 이러한 보상 과정과 관련한 활동은 도파민과 오피오이드 수용체를 비롯한 기타 신경 전달 물질과 연관이 있다. 공포 및 부정적인 정서와 관련된 편도체도 감정적 반응이 강해지면서 활동의 감소를 보인다. 음악이 강력한 효과를 갖는 이유는 아마도 음악이 일정한 감정을 일으키는 동시에 양립할 수 없는 감정은 억제하기 때문일 것이다.[22]

우리의 감정적 반응에 대한 두 번째 설명은 삶의 구체적인 사건과의 연결 가능성이다. 배우자를 처음 만났을 때 흐르던 음악이 대표적인 예가 된다. 우리가 음악에 부여하는 의미는 절대적(음악 자체의 본질적 측면)이거나 지시적(비 음악적 현상과 관련된 것)일 수 있다.[23] 지시적 의미referential meaning는 특정 음악 작품에 부여된 인생의 사건과 관련이 있다. 예를 들어 우리와 가깝던 누군가의 장례식에서 연주된 음악은 그 음악을 다시 들었을 때 눈물이 흐를 수도 있다.

세 번째로, 음악적 기대가 어긋나거나 지체되었을 때 감정을 자아낼 수도 있다는 설명이다.[23] 음악은 기대와 긴장을 조성한다. 이러한 기대와 긴장은 실현되거나 해소되는 방식에 따라, 다양한 감정 반응을 불러일으킬 수 있다. 우리 문화의 음악적 조성과 특정 장르의 일반적 특징에 대한 우리의 지식을 바탕으로 음악은 기대를 만들어 낸다.[23] 이러한 기대가 충족되거나 위반되는 방식의 변형은 음악에 대한 감정 반응을 결정하는 중대한 역할을 한다. 생물학적 종의 하나로서 인류는 미래를 정확하게 예측했을 때 보상을 주도록 뇌가 진화하였다. 음악은 이런 점을 이용하여 감정 반응을 만들어 내는 듯 보인다.[24] 뇌의 메커니즘은 가까운 과거를 암호화하고, 미래를 예견한다. 예측이 부정확할 때 암호화를 조정하는 메커니즘은, 주로 피질을 기반으로 하고 있기는 하지만 감정 반응으로 연결되는 보상 체계와도 상호 작용한다. 기대 이론과 관련해 제기되는 문제는 우리가 잘 아는, 다시 말해 예상할 수 있는 음악에 우리가 감정적으로 반응하는 방식과 관련한다. 예상치 못한 것과 마주할 때 우리는 자동적으로 반응한다. 이는 특별히 주의를 기울이지 않아도 반응이 나타날 수 있다는 의미다. 그래서 우리는 잘 아는 음악에 대해서도 계속해서 감정 반응을 보일 수 있다.[24] 서양의 조성 음악에서는 리듬, 음보, 조성, 화성, 멜로디와 관련한 구조가 일정한 기대를 만들어 낸다. 이러한 것들이 작곡가가 예상을 깰 수 있는 많은 수단을 제공한다.

음악에 대한 감정적 반응을 종합적으로 설명하기 위해 여러 모델이 개발되었다. 그중 가장 포괄적인 모델이 바로 BRECVEMA 모델이다.[20] 이 모델은 다음의 여덟 가지 요소를 포함한다.

- **뇌간 반사**Brain stem reflex: 극단적인, 혹은 증가하는 소리의 세기 또는 속도와 같은 단순한 음향 특징에 대한 타고난 주의 집중 반응이다.
- **리듬 동조**Rhythmic entrainment: 내부 신체 리듬(예를 들어 심박수)을 외부 음악 리듬에 맞춰 점진적으로 조정하는 과정이다.
- **평가적 조절**Evaluative conditioning: 연상 작용을 통해 음악 작품과 이어지는 긍정적 또는 부정적인 자극의 규칙적인 짝짓기 과정이다.
- **전염**Contagion: 음악의 감정적 표현을 인식하고 이를 내부적으로 '흉내' 내는 것이다.

- **시각적 이미지**Visual imagery: 음악 구조의 은유적 맵핑을 통해 청자가 떠올린 감정적 특징의 내면적 이미지를 말한다.
- **에피소드 식 기억**Episodic memory: 음악에 의해 촉발된 청자의 과거의 특정 사건에 대한 의식적 기억이다.
- **음악적 기대**Musical expectancy: 음악 구조의 점진적 전개에 대한 반응과 이것이 예상대로 또는 예상을 깨고 지속되는 것을 말한다.
- **심미적 판단**Aesthetic judgement: 개인의 편중된 기준에 기반하여 일어나는 음악의 심미적 가치의 주관적 평가를 뜻한다.

음악과 뇌의 반응

소리의 처리는 우리가 진화적으로 생존하는 데 필수적이다. 그리고 아마도 이 때문에, 소리의 처리를 위한 메커니즘은 고도로 발달되어 있으며 자동적으로 작동한다. 우리가 음악을 들을 때 우리의 뇌는 다양한 신경 영역이 관련된 복잡한 분석을 수행하느라 바빠진다. 이 모든 과정은 우리가 주변의 음악에 노출되어 있을 때 자동으로 작동하고 전개되기 때문에 우리는 인식하지 못한다. 음악 교육은 필수가 아니다. 음악에 대한 반응은 다양한 형태로 나타난다. 생리적 반응, 행동, 움직임, 각성 수준, 기분, 감정 변화를 통한 반응, 심미적 반응, 지적인 반응 등 여러 가지다. 이것이 아마도 음악이 그토록 강력하고, 많은 사람이 음악을 듣는 데 그렇게 많은 시간을 할애하는 이유일 것이다. 음악이 우리의 기분과 감정에 미치는 긍정적인 영향은 우리의 만족스러운 삶에 특히 중요할 수 있다.

03
일생에 걸친 음악적 기량 개발

어린 시절부터 음악적 기량이 개발되는 방식은 우리가 자라는 환경에 의해 좌우된다. 아주 어렸을 때를 생각해 보자. 집에서 어떤 음악을 들었는가? 자신의 보호자와 적극적으로 음악 활동을 했는가? 그런 경험에 어떤 영향을 받았는가? 그 밖의 음악적 성장에 영향을 준 다른 환경이 존재했는가?

사람과 환경의 복잡한 상호 작용을 보여 주기 위해 여러 모델이 개발되었다. 가장 영향력 있는 모델은 아마도 저명한 심리학자 유리 브론펜브레너Urie Bronfenbrenner의 모델일 것이다.[1] 이 모델은 개인과 인접한 환경의 상호 작용을 설정하는 미시 체계, 보다 넓은 범위의 환경 내에서 개인의 상호 작용과 관련이 있는 중간 체계, 개인이 타인과 직접적으로 상호 작용하지는 않지만 가까운 사람과는 상호 작용을 하는 외 체계를 포함한다. 이 모델은 또한 다른 체계의 특정한 신념, 가치, 이데올로기를 간직하고 있는 하위문화를 망라하는 거시 체계도 파악한다. 우리가 일반적인 음악 기량을 개발할 수 있는 기회에는 이렇게 다양한 체계가 영향을 준다. 헬레나 곤트Helena Gaunt 교수와 나는[2] 기타 연주법을 배우는 10대 청소년이 받게 될 영향에 어떤 것이 있을지 살펴보기 위해 브론펜브레너의 모델을 이용했다. 그 내용은 그림 3.1에 정리되어 있다. 이러한 다양한 체계가 음악적 성장에 어느 정도의 영향을 주었을까?

물론 음악적 성장에 일조하는 다른 요소들도 있다. 이에 대해서는 상호 작용의 여섯 가지 범주와 그것의 영향을 제안한 헤티마Hettema와 켄릭Kenrick[3]이 모델로 정리했다.

- **고정된 사람과 환경 조직망**: 변하지 않는 환경에 개인이 놓여 있음

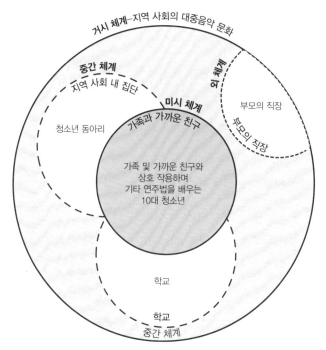

그림 3.1 기타 연주법을 배우는 10대 청소년을 둘러쌀 가능성이 있는
거시, 중간, 외 체계

- **사람에 의한 환경 선택**: 개인이 자신의 욕구를 충족시키는
  새로운 환경을 선택
- **환경에 의한 사람 선택**: 교육 현장과 직장에서와 같이 다양
  한 선별 과정이 특징

- **사람에 의한 환경 변화**: 개인이 리더십이나 분열 등의 행동을 통해 환경을 변화

- **환경에 의한 사람 변화**: 개인이 새로운 환경에 사회화

- **사람과 환경 교류 또는 상호 교류**: 시간이 흐름에 따라 사람과 환경이 모두 변화

각 범주는 개인과 환경 사이에 조화와 영향의 상이한 정도를 나타내며, 개인의 발달 궤적과 관련한 기반을 형성한다. 이 같은 종류의 상호 작용은 그림 3.2와 그림 3.3에서 설명하고 있다. 그림은 대중음악 연주에 관심을 가지고 있는 아이와 관련해서 이런 상호 작용이 보다 넓은 생태계 내에서 어떻게 작용할 수 있는지 보여 준다. 각각의 그림을 보며, 자신의 음악적 발달에 도움이 되는 환경을 어디에서 선택할 수 있는지 또는 어느 환경이 거부하는지 확인할 수 있는가?

6장에서 살펴보겠지만, 음악적 능력은 타고난 것이며 이로 인해 우리가 어떤 성취를 이루는지가 결정된다는 것이 일반적인 생각이었다. 그러나 최근의 유전학 연구는 우리의 행동을 결정하고, 유전자의 반응을 수정하는 데 경험

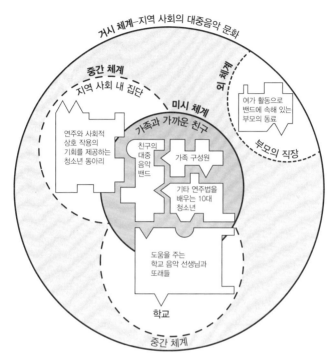

그림 3.2 기타 연주법을 배우는 10대 청소년을 위한 체계상 및 생물–사회적인
발달상의 상호 작용

이 얼마나 중요한지 확인했다.[4] 이와 더불어 신경 과학 연구에서는 뇌의 가소성 정도[5]와 우리의 특정 음악 활동이 뇌에 매우 특수한 영향을 주는 정도를 증명했다. 예를 들어, 바이올린 연주자, 타악기 연주자, 지휘자의 뇌는 차이

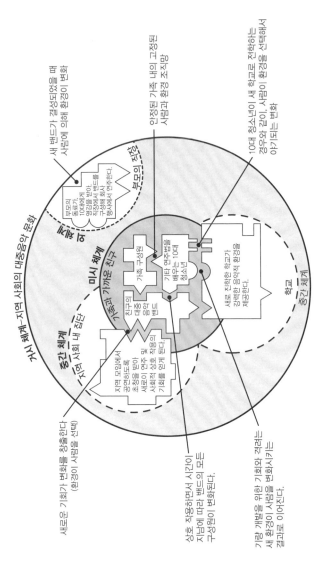

거시 체계–지역 사회의 대중음악 문화

새 밴드가 결성되었을 때 사람에 의해 환경이 변환

부모의 동료가, 10대에게 직장에서 밴드를 구성해 회사 행사에서 연주한다.

부모의 직장

안정된 가족 내의 고정된 사람과 환경 조직망

10대 청소년이 새 학교로 전학하는 경우와 같이, 사람이 환경을 선택해서 야기되는 변환

가족 구성원
미시 체계
가족과 가까운 친구

친구의 대응 음악 밴드
기타 연주법을 배우는 10대 청소년

새로 전학한 학교가 강력한 음악적 환경을 제공한다.

학교
중간 체계

중간 체계
지역 사회 내 집단

지역 모임에서 공연하도록 초청을 받아 새로이 연주 및 사회적 상호 작용의 기회를 얻게 된다

새로운 작용가 변화를 촉종한다 (환경이 사람을 선택)

상호 작용하면서 시간이 지남에 따라 밴드의 모든 구성원이 변화된다.

기량 개발을 위한 기회가 결과는 새 환경이 사람을 변화시키는 결과로 이어진다.

그림 3.3 10대 청소년이 음악적 지식을 늘려 나갈 때 시스템 내에서 일어나는 변환

를 보이는데 이는 그들이 매우 다른 기술을 습득했기 때문이다.[6]

　우리가 음악적으로 성장하는 방식은 음악적 가능성이라는 연속체가 그리는 궤적을 통해 살펴볼 수 있다. 이 궤적은 타인과의 상호 작용을 통해서도 변화한다. 그리고 이는 다시 미래의 궤적에 영향을 미친다. 예를 들어, 부모의 입장에서 자신의 아이가 음악에 관심이 있다는 것을 알게 되면, 아이에게 음악 활동에 참여할 수 있는 기회를 제공해 줄 것이다. 아이가 음악 활동이 흥미롭고 보람 있다고 생각하면 더 많은 관심을 가지고 더 열심히 하게 될 것이며, 부모는 아이의 음악적 성장을 더 지원하게 될 것이다. 이는 다시 심화 학습을 용이하게 하는 뇌의 변화로 이어진다. 활용할 수 있는 음악적 기회의 종류는 매우 변화무쌍하기 때문에, 처음엔 어린아이들에게 그리고 이후에는 일생에 걸쳐 개인의 음악적 발달 궤적이 다양해질 가능성은 아주 커진다. 자신의 음악적 궤적이 어떠했는지 잠시 생각해 보자. 자신의 음악 인생에 주요한 영향을 주었을지도 모를 다양한 기회와 영향을 그려 볼 수 있는가?

출생 전 음악의 청각적 경험

우리가 의식하지는 못하지만, 우리의 모든 감각 기관은 출생 전부터 기능하기 시작한다. 이 중에서도 특히 소리에 대한 우리의 반응이 가장 중요한 것으로 보인다. 소리를 통해 얻는 정보는 아무리 약한 소리라 해도 다양하며, 다른 기관들보다 더 많은 정보를 전달한다.[7] 자궁 안에 있을 때 태아는 어머니의 목소리, 호흡, 심장 박동, 소화 기관, 신체 움직임, 발소리를 접한다. 또한 어머니의 신체적·감정적 상태에 대한 정보도 얻는다. 임신 28주에서 30주 정도가 되면, 태아는 외부 소리에 확실하게 반응한다. 풍부한 청각 환경에서 청각 인지는 향상된다. 아기일 때 우리는 출생 전 자궁 안에서 들었던 음악과 출생 직후에 들은 음악 모두를 인식한다. 임신 마지막 3개월 동안에는 어머니가 매일 듣는 음악에 더욱 주의를 집중하기도 하고 마음을 진정시키기도 한다. 이것은 우리의 음악적 적응 과정, 또는 이 과정의 부재가 우리가 태어나기도 전에 시작된다는 의미다. 다만 일부 적은 수의 태아가 음악적 발달을 제한하는 음치나 청각 장애를 경험할 수는 있다.[7]

유아기와 유년기의 음악적 지각의 발달

가정 환경의 영향은 유년기 내내 매우 중요하다. 아기일 때 우리는 청각 능력이 매우 뛰어나며 어른들이 음악적이라고 지각하는 소리의 패턴에 매우 민감하다.[8] 음악에 노출되는 순간부터 음악을 이해하고 분석하기 위한 능력이 발달하기 시작한다. 일반적으로 우리를 돌봐 주는 사람과 어린아이가 말을 하기 전에 가지는 유사 음악적 상호 작용에서 우리는 광범위한 음악 스키마를 개발한다. 주요 보호자와의 유대 관계는 이러한 양방향 과정에 중추적인 역할을 한다. 우리 모두 어느 정도는 타인의 신체 및 감정 상태에 민감하게 반응한다. 우리를 돌보는 사람들, 보통 엄마나 아빠는 아이에게 단순화된 아기 말투를 사용한다. 이런 말투는 음이 높고, 강약이 과장되며 규칙적인 리듬을 따른다.[8] 아기와 어른의 상호 작용을 관찰해 보면 쉽게 파악할 수 있다. 돌보는 사람이 이런 말투를 중단하면, 가끔씩 아이들은 소리를 내거나 행동을 바꾸는 식으로 반응한다. 돌보는 사람은 이런 반응을 대화의 한 형태로 해석하여 반응할 수 있고, 적극적으로 그 행동을 강화시킨다. 이러한 유형의 아기 말투는 어느 문화나 유사하다.

아기를 돌보는 사람들은 세계 어느 곳을 막론하고 아기에게 노래를 불러 주고는 한다. 일반적으로 여기에는 자장가나 놀이 노래, 어른 노래를 개작한 노래들이 포함된다. 아기 말투의 경우와 마찬가지로, 일반적인 경우보다는 더 높은 음과 느린 템포, 과장된 감정을 실어 노래를 부른다. 신생아와 유아는 다른 형태의 노래보다 이런 유형의 노래를 더욱 주의 깊게 듣는다.[8] 전 세계에 걸쳐 자장가는 공통된 특징을 가지고 있다. 부드러운 멜로디에 확실한 조성과 반복되는 리듬, 독특한 발성 스타일이 어우러져 있다. 아기들은 모든 다른 장르의 노래보다 자장가를 더 좋아한다. 특히 엄마가 불러 주는 노래는 각성 수준에 미치는 효과가 탁월하다. 자장가는 마음을 진정시키고 잠이 오게 도와주고, 놀이 노래는 집중력을 높여 준다. 아기를 돌보는 사람들은 본능적으로 자신의 행동을 아기의 욕구에 맞추는 경향이 있다. 아기가 점차 나이를 먹으면서 주 양육자는 노래하는 스타일을 변화시켜, 음의 높이는 낮추고 언어 능력 발달에 맞추어 가사를 더 분명하게 발음한다. 처음에 아기들은 자신의 문화뿐만 아니라 다른 문화의 음악을 인지하는 것에도 능숙하다. 그러나 이러한 특성은 점차 자신이 속한 문화의 음 조직에 적응되고 시간이 흐름에 따라 변한다.

부모가 접하게 해 준 음악 활동과 집에서 이용할 수 있는 음악적 자산은 천차만별이다. 어린아이가 접할 수 있는 음악의 종류는 부모의 선호에 따라 달라질 것이다. 부모들은 재즈, 그런지 록, 힙합, 클래식 음악 등 매우 다양한 장르의 음악을 들을 것이다. 어떤 가정은 아예 음악을 듣지 않거나 배경 음악으로도 틀지 않을 수도 있는 반면, 또 어떤 가정에서는 악기를 연주할 기회도 제공할 것이다. 이러한 상이한 가능성은 문화 적응, 즉 습득되는 음악적 스키마의 종류에 영향을 주고, 서로 다른 수준의 음악 발달로 이어진다. 각자 가정의 음악적 환경이 자신의 음악적 발달에 어떻게 영향을 주었을지 생각해 보자. 부모 또는 돌보아 주는 사람과 어떤 종류의 활동을 함께했는가? 어떤 음악이 연주되었나?

음높이, 멜로디, 조성의 발달

아기들이 음을 구분하는 방식은 어른들과 같은 규칙을 따른다. 음의 시퀀스는 음높이, 소리의 크기, 음색의 유사성에 근거해 구별된다. 다만 유아들은 어른들보다는 차이가 더 크게 나타나야 변화를 알아차릴 수 있다. 아기들 또한 정교한 처리 시스템을 가지고 있다. 다른 화성 구조를 가진 동일한 음높이의 소리를 알아차릴 수 있다. 들려주는 모음의 음높이와 일치하는 소리를 낼 수 있으며, 반음 정도로 미세한 음높이의 변화도 식별할 수 있고, 음높이 변화의 방향을 파악할 수 있으며, 한 옥타브 떨어진 음도 구별할 수 있다.[9] 아기가 6개월 정도가 되면 오르락내리락하는 멜로디의 차이점을 파악할 수 있고, 멜로디를 다른 음높이와 템포로 바꿔 들려주었을 때도 같은 멜로디라는 것을 알아차릴 수 있게 된다. 어른과는 달리 아기들은, 음정이 서양 음계의 음정과 유사하다는 전제하에, 멜로디가 비 서양 음악의 조성을 바탕으로 하거나 또는 지어낸 음계를 바탕으로 하더라도 멜로디의 변화를 알아차릴 수 있다. 아기들은 점차 화성의 차이와 으뜸음에서 서양 음악이 종결되는 전통적인 음악의 종결을 알아차리게 된다.[9]

우리가 음높이와 선율을 파악할 수 있는 능력은 선천적이고 급속하게 발달하는 것으로 보인다. 이와는 대조적으로, 모국어를 배우는 데 시간이 걸리는 것과 마찬가지로 자신이 속한 문화의 조성에 대한 지식이 발달하기까지는 시간이 걸린다. 자유롭게 이중 언어를 쓰는 것이 가능한 것처럼, 이중 음악도 가능하다. 아기가 두 개의 상이한 음악 체계에 노출되기만 하면 된다. 서양 문화에서 음악을 일 년 정도 접하고 나면, 조성에 대한 초보적 이해가 가능해진다. 4살에서 7살 정도가 되면, 일반적으로 아이들은 안정적인 조성으로 된 노래를 만들 수 있다. 다만 멜로디의 조를 바꾸는 것은 하지 못한다. 이것은 더 이후에 가능해진다. 음악을 교육하여 음높이와 조성에 대한 이해를 높이는 일을 가속화할 수는 있지만 급격하게 변화시키는 것은 아니다.[9]

리듬에 대한 지각의 발달

아기들은 선천적으로 리듬을 잘 받아들인다. 아주 어린 아기들도 템포의 작은 변화를 잡아낼 수 있고, 어떤 경우에는 젖 빠는 속도를 맥박에 맞추기도 한다. 신생아는 단순한 음보가 반복 진행되는 시퀀스의 박자에 민감하며, 빠르면 생후 4~8개월의 아기들은 자신의 문화에 보편적으로 존재하는 음보 구조에 대해 선호를 키우기도 한다.

아기를 안고 옆이나 위아래로 흔들어 줄 때 아기들은 움직임을 경험한다. 그리고 생후 6개월 정도가 되면 음악에 맞추어 리드미컬하게 몸을 좌우로 흔들거나 위아래로 움직이는 동작을 한다. 아기들이 음악과 협응할 수 있는 정도는 나이가 들면서 서서히 커진다. 초기엔 아기들이 다른 문화의 음악에서도 리듬의 변화를 찾아낼 수 있지만, 고유한 자신의 문화 속 음악을 더 많이 접하게 되면서, 어른과 마찬가지로, 아기들도 곧 낯설고 복잡한 음보 구조에 어려움을 느낀다. 두 살짜리 아기가 즉흥적으로 만들어 부르는 노래는 일종의 박자와 리듬의 세분화에 대한 증거를 보여 주며, 다섯 살 정도 되면 어른이 시범을 보였을 때 대부분의 아이들이 안정적인 박자를 만들어 낼 수 있다. 대체로 초등학교 저학년의 아이들과 전문 음악가가 아닌 성인 사이에는 박자, 음보, 리듬을 처리하는 능력에 있어 별반 차이가 없다.

음높이의 처리와 마찬가지로, 박자, 음보, 리듬을 처리하는 기본 구조는 태어날 때부터 이미 존재하는 것 같다.

점점 노출 빈도가 많아지면서, 아기들은 자신의 문화에 존재하는 리듬 구조를 처리하는 능력을 더 많이 발전시킨다. 이것은 신생아가 어떤 언어에 노출되어 말을 배워 나가는 것과 비슷하다. 나중에 커서 다른 언어들을 배울 수도 있지만 습득 과정이 더 길고 어려울 뿐만 아니라, 발음의 미묘함을 완전히 파악하는 것도 불가능할지 모른다.

화성과 음색에 대한 지각의 발달

아기들이 불협화음보다 협화음에 더 긍정적인 반응을 보이는지에 대해서는 찬반 논란이 있다. 어떤 이들은 협화음에 대한 선호가 인간의 선호도를 반영한 것으로, 이로 인해 시간이 흐르면서 발달하게 되는 음악 유형이 결정된다고 주장한다. 다른 이들은 협화음에 대한 선호는 그것에 노출되고 점점 익숙해졌기 때문에 생기는 것뿐이라고 말한다. 이런 주장은 일부 문화에서는 사실인 것 같다. 음악이 항상 협화음만인 것은 아니기 때문이다. 예를 들어 크로아티아 시골 지역의 민요 가수는 보통 2성부의 이중창을 하는데

서양 문화권에서 자란 사람들이라면 불협화음으로 들릴 수도 있는 노래를 부른다.[8]

음색을 구별하는 능력은 아이가 다양한 소리에 노출되면서 급속도로 발달한다.[10] 물론 소리가 비슷할 때는 어려움을 경험하기도 한다. 특정한 소리에 노출 빈도가 높아질수록 소리 사이의 차이를 식별하는 능력도 좋아진다.

구조와 형태에 대한 지각의 발달

음악의 구조를 이해할 수 있는 능력은 유사점과 차이점을 식별할 수 있는 능력과 들었던 것을 기억할 수 있는 능력에 달려 있다. 아기들이 음높이, 리듬과 관련해 많은 차이점을 구별할 수 있다고 해도, 이것이 곧 자기가 들었던 음악의 구조를 이해할 수 있다는 의미는 아니다. 대부분의 성인이 절과 후렴처럼 간단한 음악 구조를 쉽게 파악할 수는 있지만, 길고 복잡한 음악 작품을 분석하는 일은 전문 교육을 받은 음악가에게도 매우 어려운 작업이 될 수 있다.

유아기에 접한 음악의 기억

아기들은 자주 듣는 노래나 그 밖의 음악을 기억할 수 있다. 노래 부르는 것을 배우려면 이것은 필수다. 노래의 음이 어떻게 조직되었는가에 대한 지식은 암기를 위한 틀을 제공한다. 음악에 대한 유아의 기억은 지극히 구체적이다. 예를 들면, 6개월 정도된 아기는 자신이 아는 음악의 특정 템포와 음색을 기억할 수 있다. 다만 이들은 그 음악이 다른 속도나 다른 악기로 연주되면 같은 음악이라는 것을 알아채지 못한다. 유치원에 갈 시기가 되면, 아이들은 변형된 매우 다양한 유형의 곡조 중에서 익숙한 선율을 알아차릴 수 있다. 따라서 보다 유연한 음악적 표현이 발달한다.

유아기와 유년기의 노래 부르기

생후 약 9개월부터 아기들은 말과는 다른 즉흥적인 옹알이나 노랫소리를 내기 시작한다. 돌보는 사람과 주고받는 음악적 경험의 정도에 따라 많은 아기들이 생후 일 년 정도가 되면 엄마가 노래를 부를 때 낱말과 비슷한 소리를 덧붙이기 시작하며, 아기가 혼자 노래를 부를 수 있을 때까지 점차 노래 길이의 구간을 늘려 나간다. 생후 18개월 이후 아기들은 식별 가능한 노래들을 즉흥적으로 만들기 시작한다. 하지만 아직은 조성에 대한 견고한 스키마를 개발하지는 못했기 때문에 매우 제한된 악구 변화를 보인다. 세 살이 되면 아기들은 일반적으로 노래의 단어에 의지하며, 뚜렷한 높이의 음을 낼 수 있게 된다. 그러나 음정이 안정적이거나 일관성 있는 음을 내지는 못한다. 네 살이 되면, 아기들은 여전히 노래의 가사에 의존하지만, 재현해 내는 운율은 정확도 면에서 더 향상된다. 다만 전체적으로는 여전히 일관성을 갖지는 못한다. 다섯 또는 여섯 살이 되면, 대부분의 아이들은 식별 가능한 노래를 정확하게 재생해 낼 수 있으며, 노래를 즉흥적으로 만들어 낼 수도 있게 된다.[9] 이러한 변화가 일어나는 나이는 아이가 접하는 음악적 환경에 따라 달라진다. 가정 환경 또는 유아원에서의 활동은 미취학 아동들이 노래 부르기에 참여하는 정도를 결정할 때 중추적인 역할을 한다. 여러분은 처음으로 배웠던 노래들을 기억하고 있는가? 그 노래들을 집에서 배웠는가,

아니면 유아원이나 그 이외의 다른 장소에서 배웠는가? 노래 부를 때 다른 사람들이 보였던 반응 중 무엇이 기억나는가? 그런 반응이 자신의 음악적 능력을 인지하는 데 어떤 영향을 주었는가?

영유아와 아이들이 인지하는 음악적 감정

영유아는 음악의 풍부한 감정 표현에 반응할 수 있다. 예를 들면, 아기들은 엄마가 아기에게 불러 주는 자장가(그들은 이것을 더 좋아한다)와 아기 없이 그냥 부르는 자장가를 구별할 수 있다. 유아기가 되어서야 음악에서 표현하는 감정, 예를 들어 행복과 슬픔의 차이를 구별할 수 있게 된다. 실제로 이것이 가능한 나이는 조금씩 차이가 있다. 자신은 음악에서 다양한 감정을 어떻게 구분하는지 잠시 생각해 보자. 음악의 어떤 측면이 그런 판단을 내리게 했는가? 음악에서 그런 감정을 처음 확인할 수 있었던 때를 기억하는가? 일반적으로, 서양 문화에서 성인이 음악 내 감정을 인지할 때는 주로 템포와 음악이 장조냐 단조냐에 따라 좌우된다. 이러한 요소는 아동이 평가를 내릴 때에도 마찬가지로 작용한다. 대개 초등학생 정도 나이가 되면 아이들은 어른과 비슷하게 음악 속의 감정을 인식한다. 다만 이렇게 되는 정확한 나이는 아이가 여러 장르의 음악에 노출된 정도와 그 아이의 일반적인 인지 및 정서 발달에 따라 달라진다. 아이들은 형제자매의 생일, 아끼던 애완동물의 죽음과 같이, 살면서 마주하는 특별한 날과 관련해서 음악에 다른 의미를 부여할 수도 있다. 휴가를 떠나던 날에 차에서 들었던 기억 때문에 음악을 들으며 행복한 감정을 연상할 수도 있다.

음악에 대한 선호도의 밑딜

우리는 모두 어떤 스타일이나 장르의 음악에 대한 선호도를 가지고 있다. 영아와 어린 유아는 아이를 위한 음악, 예를 들어 자장가와 동요 같은 음악을 더 좋아하는 경향이 있다. 어린 유아는 특정 장르에 대한 특별한 선호 없이 개방적인 성향을 보이는 것이 일반적이기도 하다.[11] 그러다가 청소년기로 가면서, 음악에 대한 선호가 더 한정적이 되고 음악이 우리의 정체성을 확립하는 데 중요한 요소가 된다. 여러분은 음악적 선호를 어떻게 발달시켰는가? 이와 관련해서 청소년기가 중요한 시기였는가? 친구의 영향이 중요했나?

10대 청소년기에 우리가 듣는 음악은 우리의 교우 관계와 우리가 옷 입는 방식, 행동하는 방식을 결정할 수 있다. 경우에 따라 개인적으로 아주 다양한 음악에 심취할 수는 있지만, 음악은 우리가 타인에게 자신을 나타내는 방식 중의 하나이다. 일생 동안 음악적 선호는 우리가 대인 관계를 형성하고 집단의 구성원이 되는 일에 중요하다. 1장에서 살펴보았듯이 음악은 집단 내 유대감을 향상시키고 특정 집단이 같은 소속임을 외부인이 인식할 수 있게 하는 데 이용된다. 음악은 정체성의 증표로 작용하며 이러한 증표는 내집단과 외집단의 정체성을 결정짓는 다른 측면의 생활 방식과 관련이 있다.[12] 음악 교육이 음악적 선호를 형성하는 한 요소이기는 하지만, 다른 요소들도 마찬가지로 중요하다. 우리가 맺는 관계, 사는 방식, 신념 모두 우리의 음악적 선호가 형성되는 것과 관련이 있다.[13] 사회 경제적 지위와 지리적 위치는 음악, 특히 라이브 음악을 접할 수 있는 기회를 결정하는 데 주요한 영향을 준다.[14] 소득이 높은 사람들이 오페라, 뮤지컬, 록 콘서트에 정규적으로 갈 수 있을 가능성이 높다.[15] 이것에 대해서는 4장에서 더 논의할 것이다.

음악적 선호가 개발되는 특정 방식과 관련해 여러 이론이 있다.[16] 첫 번째는 익숙함과 관련이 있다. 이에 따르면 특정 장르의 음악을 자주 접할수록 이 음악을 더 좋아하게 된다는 것이다.[17] 이 이론에서 비롯된 변형 이론에 따르면, 선호도는 익숙함과 더불어 거꾸로 된 U자의 형태를 띠며 증가하기도 하고 감소하기도 한다. 음악 작품에 더 익숙해질수록 좋아하는 마음이 줄어들 수도 있다는 얘기다.[16] 이러한 과정은 음악의 복잡성과 상호 작용한다. 음악이 복잡할수록 관심이 더 오래 지속될 가능성이 있다. 종합적으로 보아 익숙함은 음악적 선호 변화의 주요한 이유가 된다. 다만 선호는 장·단기적으로 변하기 쉽다.[18] 시간이 지날수록 음악적 선호가 바뀐 경험이 있는가? 그렇다면 어떻게 변화했는가? 무엇이 그 변화에 영향을 주었는가?

청소년기와 성년기의 음악적 발달

중등 교육을 받는 동안 어린 학생들이 음악에 노출되고 참여하는 양상은 매우 다양하다. 어떤 학생들은 정규 음악 교육을 받지 않지만 어떤 학생들은 여러 악기를 연주하고 다양한 합주에 적극적으로 참여하기도 한다. 이러한 현상은 음악 교육이 의무 교육에 포함되는 정도에도 일부 원인이 있다. 음악 교육이 모든 아동을 위한 정규 교육의 중요 요소인 문화권에서도 평생의 관점에서 보자면 음악 교육에 할당된 시간은 상대적으로 적다. 어린아이였을 때 우리는 합주단이나 합창단에서 악기 연주나 노래를 배운 경험이 있을 것이다. 그리고 우리 중 일부는 연주에 흥미를 잃고 그만두었을 것이다. 우리가 어른이 되어서도 계속해서 음악 활동을 하다 보면 가족과 일 때문에 방해를 받을 수가 있다.[19] 은퇴를 하면 더 많은 여유 시간이 가능해진다. 또 악기를 배우거나 다른 사람과 함께 노래를 배우고 싶어지고 음악적 기량과 안목을 향상시키고자 하는 열망이 생길 것이다.[20] 어떤 사람들에게 있어 음악은 '진지한' 여가 활동이며,[21] 그들은 많은 시간과 노력을 음악에 쏟아붓는다(4장 참조). 여러분은 자신의 음악 활동을 어떻게 규정하겠는가? 주로 음악을 듣는 편인가? 적극적으로 음악 활동에 참여하고 있다면, 얼마나 열심히 임하고 있는가?

많은 음악 관련 활동은 다른 사람이 만든 음악을 재현하는 것이다. 누구나 음악적 창의성을 나타낼 수 있다는 인식이 점점 커지고 있기는 하다. 학생들에게는 작곡과 즉흥 연주가 이제 일부에서는 의무적으로 이수해야 하는 정규 음악 교육 과정의 중요한 부분이 되었다. 그리고 지역 사회 프로그램에는 모든 나이 대의 사람들이 창의적인 음악 기량을 키울 수 있는 기회가 점점 많아지고 있다. 또 정규 음악 교육을 받지 못한 노인도 노래를 작곡할 수 있다는 증거도 많이 나오고 있다.[20, 22]

대부분의 사람들에게 주요 음악 활동은 바로 음악 감상이다. 음악 듣기는 여러 여가 활동들 중에서도 상위권을 차지하며 음악에 대한 이해를 높여 준다.[23] 기술 발달은 우리가 음악 듣는 방식을 바꾸고 보다 쉽게 음악을 접할 수 있게 했다. 우리는 듣는 음악, 시간, 방법을 자유자재로 통제할 수 있고 음악적 선호도 또한 세련되게 다듬을 수 있게 되었다.[12] 음악 덕분에 우리는 추억에 잠길 수 있다. 음악이 영적 연관성을 갖게 되는 노년기에는 특히 그렇다.[24] 나이가 들면 뇌 손상으로 인해 후천적 음치가 될 가능성이 높아진다. 이는 음악 활동 참여와 이를 통한 학습에 영향을 줄 수 있다. 또한 우리는, 항상 그래 왔듯이 신체 및 인지적 제약을 완화하기 위한 보상 전략compensatory strategies을 개발하고 있지만, 청각, 시각, 처리 속도 악화로 인해 어려움에 직면할 수도 있다.[19]

얼마나 자주 음악을 듣는 편인가? 얼마나 자주 음악을 듣는지, 무엇을 듣는지 며칠 동안 관찰하며 기록해 보기 바란다. 과연 자신에 대해 무엇을 알게 될까?

인류와 음악, 불가분의 관계

하나의 생물학적 종으로서 인류는 음악을 처리하도록 미리 프로그래밍 되어 있다. 음악을 처리하는 기본 체계는 태어날 때 준비가 완료되어 어린 시절에 발달하고 지배적인 조성 체계를 받아들인다. 우리 각자가 지닌 음악적 발달 궤적은 우리가 자라는 문화 및 가정 환경, 우리가 갖는 기회,

그러한 기회와 관련해 우리가 하는 선택, 그리고 우리의 참여 수준에 따라 좌우된다. 이러한 요인들은 평생에 걸쳐 변화 가능하고 실제로도 변화한다. 영유아는 아이를 위한 음악을 더 좋아하지만 성장하면서는 특정 음악을 편애하지 않고 개방된 자세를 갖는 경향이 있다. 그러다가 청소년기에 선호도가 발달하면서 음악이 정체성과 집단 구성원 자격과 관련성을 갖게 된다. 선호도는 시간이 지나면서 변하는 것이지만, 장·단기적으로 나이, 성별, 성격, 음악 교육, 정체성과 연관성이 있다. 선호도는 음악의 익숙함과 복잡성과도 관련이 있다. 음악적 발달은 적극적으로 음악 작업을 하거나 듣는 등의 활동을 통해 노년기까지 평생 동안 지속될 수 있다.

04

일상생활 속 음악

20세기 후반 전자식 미디어의 발전으로 우리가 일상에서 음악을 접하고 이용하는 방식이 혁신적으로 변화했다. 서양에서 음악은 삶의 거의 모든 부분에 녹아 있다. 슈퍼마켓, 쇼핑 단지, 레스토랑, 예배 장소, 학교, 라디오와 텔레비전, 녹음 장치 등을 통해 음악을 들을 수 있다. 음악은 연극, TV, 영화, 비디오, 게임, 광고에서 중요한 역할을 한다. 매우 다양한 포맷을 통해 음악을 들을 수 있으며 스마트폰, 태블릿 패드, 컴퓨터에서 선곡한 음악을 스트리밍으로 바로 들을 수도 있다. 이와 같은 새로운 기술은 사람들이 음악과 상호 작용하는 방식을 변화시켰다. 사람들은 점점 더 자신이 듣는 음악을 개인이 원하는 대로 관리할 수 있게 되어 매일 사용하는 음악이 매우 복잡하고 다양해졌다.

선진국 사람들이 음악 활동에 참여하는 정도는 세계 음악 시장의 규모에 반영되어 있다. 미국과 영국에서 음악은 상위의 수입 창출원이다. 음악 감상은 모든 세대의 주요 여가 활동이지만, 청소년과 노인들에게는 특히 더 중요하다.[1] 이러한 기술 발달 이전에는 대부분의 사람들이 스스로 음악을 만들거나 종교 또는 사회적 행사에 참여할 때만 음악을 접할 수 있었다. 음악 듣기가 더욱 용이해진 것 외에도, 적극적으로 음악 활동을 할 수 있는 기회도 훨씬 많아졌다. 세대를 막론하고 이제는 더 많은 사람들이 악기 연주나 노래 부르기를 배우고 음악과 관련된 여러 단체 활동에도 참여한다. 이처럼 사람들의 삶에서 음악이 핵심적 역할을 한다는 증거는 무궁무진하다.[2]

우리가 음악을 듣는 이유

음악 듣기가 음악적 이해와 감상을 향상시키려는 의도를 가진, 집중이 필요한 활동이라고 생각하고 있을지 모르지만, 실제로 우리는 다양한 이유로 음악을 듣는다. 우리가 완전히 집중해서 음악을 듣지 않는다는 의미는 아니다.[2] 1장에서 보았듯이 우리는 자신의 기분과 흥분 정도, 감정을 조절하고, 다른 사람들의 감정과 행동을 조절할 수 있는 환경을 만들어 내기 위해 음악을 사용할 수 있다. 스트레스를 줄이고, 강렬한 감정을 극복하고, 파티에 참석할만 하도록 기분을 적절하게 끌어올리고, 추억에 잠기거나 정신 집중을 유도하기 위해, 다시 말해 우리는 다른 무엇보다도 우리의 웰빙을 위해 음악을 사용한다(5장 참조). 3장에서 보았듯이, 음악은 우리가 자신을 표현하고 인간으로서 성장을 도모하는 방식에 도움을 줄 수 있다.[3]

우리는 대체로 10대 때 많은 음악을 듣는다. 음악은 시간을 보내고, 따분함을 덜고, 긴장을 줄이고, 걱정에서 벗어나는 데 도움이 된다. 가끔씩 10대들은 자신의 분노를 표출하는 수단으로 음악을 이용하기도 한다. 자기 방에 뛰어들어가 음량을 있는 대로 올리고 자신의 감정을 쏟아 낸다. 3장에서 살펴보았듯이, 청소년기에 음악의 역할 중 하나는 정체성을 형성하고 그 정체성을 교류하는 것이다. 젊은이들은 비슷한 음악 취향을 가진 사람들과 친구가 되기 쉽다.[4] 사회적 비교를 통해 청소년들은 자신의 인적 네트워크에서 다른 집단보다 자신의 또래 집단을 보다 긍정적으로 그리게 되고, 이에 따라 긍정적인 자기 평가를 유지할 수 있다. 음악은 이런 과정을 용이하게 한다. 물론 때로는 이러한 정체성이 일반 사회에 부정적으로 비춰질 수도 있다. 예를 들어 헤비메탈, 힙합, 고스 또는 그런지 록 등을 생각해 보자. 반사회적 노래들은 반사회적 사고와 태도로 이어질 수 있다. 어떤 경우에는 심리적으로 취약한 젊은 계층에 공격적 행동과 태도를 심어 줄 수 있고,[5] 비난을 듣는 사람들에게 부정적인 영향을 줄 수 있다. 부정적 감정을 파고드는 음악은 정신 건강을 악화시킬 수 있으며[6] 이로 인한 영향은 동일한 음악적 하위문화에 속하는 같은 뜻을 가진 또래와 교류하며 부풀려질 수 있다.

음악은 여러 다른 문화의 젊은이에게 서로 다른 의미와 목적을 가질 수 있다. 일반적으로 음악은 두 개의 중요한 차원으로 나눌 수 있다. 사색 혹은 정서 차원(개인주의)과 내적, 대인/사회적 차원(집단주의)이다. 집단주의 사회의 청소년들은 개인주의 사회의 청소년들보다 문화적 정체성을 전달하기 위해 음악을 더 많이 사용한다. 비교 문화적으로, 청소년이 음악을 듣는 것에는 공통된 기능이 있는 것 같다. 배경 음악으로 음악 틀어 놓기, 부정적 정서의 표현, 기타 정서와의 관련, 춤, 우정, 가족, 정치, 가치관, 문화적 정체성과의 관련성 등이 그 예다.[7]

　이런 기능들은 음악 듣기와 음악 작업을 자신의 개성을 표현하고 자신을 규정하는 방법으로 이용한다고 어른들이 설명한 기능과도 비슷하다.

　특정한 음악을 들으면 과거의 사건과 경험, 그리고 그런 경험과 관련된 감정들이 더 잘 생각난다. 예를 들어 우리가 갔던 콘서트, 또는 중요한 시험이나 취업 면접의 결과를 알게 되었을 때 들었던 음악이 기억나기도 한다. 노인들에게 음악 듣기는 고립감이나 외로움을 피하고, 건강 문제를 잠시 잊고, 신체 및 심리적으로 향상된 느낌을 갖고 활기를 얻을 수 있는 방편이 되어 준다. 음악은 불안과 스트레스를 낮추고, 고통을 견디는 한계점을 높인다. 사람들이 삶을 보다 긍정적으로 느끼게 해 주고, 현실을 잊게 해 주고, 상상력을 자극하고 영성과 관련된 감정들을 고양시킬 수도 있다.[8]

음악을 들을 때 음악이 자신에게 미치는 영향의 정도를 인식하며 듣는가? 어떤 사람들은 음악을 들으면서 음악이 자신의 기분을 어떻게 변화시키는지, 음악이 자신의 기분과 어울리는지를 강하게 인지한다. 이들은 어느 상황과도 잘 맞고, 자신의 신체적, 심리적, 사회적 필요를 충족시킬 수 있는 음악을 선택하는 등, 자신의 기분을 조절할 수 있는 전략을 선택하고 이행하는 데 더 능하다. 노인들이 이런 부류에 속하는 경향이 있으며, 여성이 감정과 기분을 조절하기 위해 음악을 활용할 확률이 남성보다 높다.[1] 사람들이 자신이 듣고 있는 음악의 종류를 통제할 수 있는 정도는 음악으로 얻는 혜택의 측면과 관련해 매우 중요하다.[2] 개인이 자신이 통제할 수 없는 상황에서 별로 좋아하지 않는 음악에 노출될 때가 있다. 만약 쇼핑 중이거나 레스토랑에 있는 경우라면, 그 상황을 피할 수 있을 것이다. 그러나 이러한 회피가 가능하지 않다면 음악은 극심한 괴로움을 유발할 수 있다. 하루 종일 큰 소리로 음악을 연주하는 이

옷이 있고 그것도 자신이 싫어하는 음악을 연주하고 있다면, 매우 스트레스를 받을 것이며, 상황을 처리하기 위해 법적 조치나 심지어는 폭력적인 수단까지 쓰게 될 수 있다.

일상의 활동을 지원하는 음악

여러분은 아마도 다른 일을 하며 음악을 들을 것이다. 대부분의 사람들이 그렇게 한다. 우리는 여행 중이거나, 육체적(예를 들어 집안일), 정신적으로(과제, 일상적인 업무) 지루한 일을 할 때 그리고 신체 활동 그 자체와 관련해 음악을 듣는다. 음악은 우리의 기분을 전환하고, 활력을 주고, 움직임의 동조를 일으키고(박자에 맞춰 움직임), 의미를 더해 줄 수 있다.[2]

음악은 그 어느 활동보다도 이동할 때 가장 많이 동반된다. 운전할 때 음악은 도움이 될 수도 있고 해로울 수도 있다. 어느 쪽이 될지는 음악의 종류, 전후 사정, 개인의 특징에 따라 달라진다. 크고 빠른 음악을 들으면 더 빠르게 운전하도록 부추길 수도 있지만, 피곤한 상태에 있다면 오히려 집중력 유지에 도움을 줄 수 있다. 대중교통으로 이동할 때 음악은 우리를 다른 승객과 분리시켜 시간을 보낼 수 있게 하고, 우리가 목적지에 도착해서 하게 될 활동에 적절한 기분 상태가 되도록 준비시켜 준다.[2]

우리는 상대적으로 복잡하지 않은 지적 과제를 처리해야 할 때 자주 음악을 틀어 놓는다. 예를 들어 어린 학생들은 숙제할 때 음악을 틀어 놓는 경우가 많다. 운전의 경우와 마찬가지로 음악의 효과는 함께 상호 작용하는 다양한 요소에 따라 달라진다. 현재 음악의 효과에 대한 이해를 높이기 위한 여러 모델이 개발되어 있다. 그림 4.1은 그런 모델을 정리해 보여 준다. 일반적으로 조용하고, 편안한 음악은 학습에 도움이 된다. 다만 지루한 일인 경우에는 집중력을 유지하기 위해 보다 활기찬 음악이 필요할 것이다. 기계적 암기를 포함하는 과제에는 특히 음악이 방해가 되기 쉽다. 다만 음악이 연상 기호(기억을 돕기 위해 선택하는 간략화된 기호—옮긴이 주)로 작용하는 경우가 있다. 예를 들어 잘 알려진 노래를 이용해 아이들이 알파벳을 기억하도록 도울수 있다. 아이의 집중에 영향을 주는 특별한 교육적 필요가 있는 경우에는 조용한 음악이 과제 수행에 긍정적인 효과

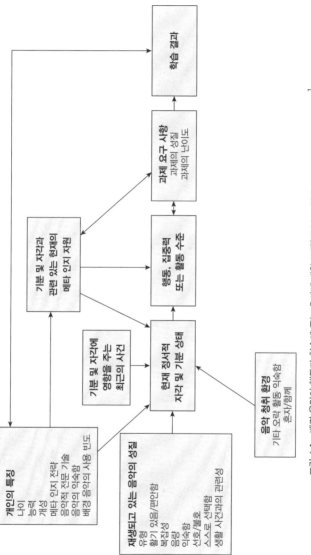

그림 4.1 배경 음악이 행동과 학습에 주는 효과에 대한 모델(맥퍼슨과 햄럼McPherson and Hallam, 2016)[1]

를 줄 수 있다.[9]

음악은 언제나 작업 활동에서 중요한 부분을 차지했다. 움직임을 조정하고, 지루함을 덜어 주고, 집단의 연대 의식을 고양하고, 작업 속도를 높이는 데 사용되었다. 요즘에는 노래를 부르며 작업하는 일이 선진국에서는 훨씬 덜 흔한 일이 되었지만, 녹음된 음악을 틀어 놓는 것은 일터, 가게, 공항, 레스토랑, 호텔 할 것 없이 어디서나 흔한 일이다. 음악의 상업 및 산업적 이용은 주요 산업에 해당한다. 사무실에서 자신이 선택한 음악을 듣는 사람들은 틀에 박힌 업무를 하는 경우에도 집중력을 잘 유지하는 편이다. 혼자 듣는 음악은 집중력을 높이고, 따분함을 완화시키고, 스트레스를 줄이고, 원치 않는 소음을 차단할 수 있다.[2]

음악과 여가

여가라는 개념은 이제 새로운 것이 아니다. 기원전 4세기에 아리스토텔레스는 여가를 멜로디, 드라마, 시, 춤이 통합된 능동적인 경험이라고 언급했다. 그는 이러한 활동들이 여가 시간을 '고상하게' 사용하는 것이며, 시민의 행복을 위해 필수적이라고 생각했다.[1] 보다 최근에는 스테빈스 Stebbins[10] 박사가 여가의 개념을 두 가지로 구분했다. 첫 번째는 주로 사회적 교류와 자기 만족적인 재미 위주의 행동을 포함하는 가벼운 여가이며, 두 번째는 보통 상당한 노력을 필요로 하는 진지한 여가이다. 진지한 여가를 갖는 사람은 아마추어, 취미 생활자 또는 자원봉사자일 수 있다. 아마추어는 자신의 활동에 대해 프로와 비슷한 기대를 가지며, 일반 대중이 음악회 참석 등을 통해 자신의 활동을 감상하고 지지해 주기를 바란다. 이들에게는 음악이 정체성의 핵심 요소이기 때문에 음악에 많은 시간과 에너지를 투자한다. 취미 생활자도 비슷하게 열성적이지만 프로와 비교되지는 않는다. 일반적으로, 이들은 단독으로 활동한다. 취미 생활자hobbyist[10] 또는 열광적인 팬enthusiast[11]이라는 용어는 음악 감상에 중점적인 관심이 있고 음반을 많이 보유하고 있으며, 음악에 대해 배우고 토론하며, 고급 음악 장비를 사들이는 사람들을 가장 잘 묘사하는 말인 것 같다. 일부는 아마도 콘서트 또는 페스티벌을 열성적으로 찾아갈 것이다. 자원봉사자는 공식적 또는 비공식적으로 음악 이벤트

현장에서 도움을 제공한다. 취미 삼아 하는 사람 또는 서투른 애호가는 여가 활동에 잠깐 또는 한정적으로 참가한다.

자신이 현재 정기적으로 음악 작업이나 음악 듣기에 적극적으로 참여하고 있다면, 이러한 범주 중 어디에 속한다고 말하겠는가? 그 범주는 자신이 참여하고 있는 모습을 제대로 설명하고 있는가? 그렇지 않다면, 왜 그런 걸까?

여가 활동으로서 음악 듣기

라이브 음악 이벤트에 참석하는 것은 일반적으로 녹음된 음반을 듣는 것보다 열성도 면에서 훨씬 높은 수준임을 시사한다. 보통 우리는 특정 아티스트나 스타일의 음악을 듣기 위해, 새로운 음악에 대해 배우고 싶어서, 기존의 음악적 취향을 충족시키거나 새로운 시도를 위해 라이브 음악 이벤트에 참석한다. 또는 개인 및 사회적 이유로 참석하기도 하는데, 친구와 함께 가거나 공동체의 일원으로 가는 일이 그런 경우다.[12] 음악에 대한 강렬한 정서적 반응은 라이브 현장에서 가장 흔하게 발생한다. 이러한 반응은 연주자가 그 경험을 즐기고, 관객과 상호 교감을 하면 한층 강화되는 경향이 있다. 이는 수동적인 경험을 능동적인 경험으로 바꾼다. 음악 페스티벌은 강렬한 음악적 경험을 할 수 있는 독특한 기회다. 연주자와의 물리적 근접성, 사회적 교감, 음악 자체가 모두 이를 가능하게 한다. 페스티벌 상황은 공동체 의식을 심어 주고 정체성 개발에 도움이 될 수 있다. 알코올이나 마약 사용, 혼잡함, 기타 부정적인 행동 및 공중위생 문제들과 관련한 위험성이 있기는 하다. 일상생활에서 분리된 느낌은 기타 음악적 경험과 차별되는 페스티벌의 특징이며, 참가자들이 자신의 삶을 돌아보고 자신에 대해 이해할 수 있는 시간을 준다.[12]

또 하나 흥미로운 현상은 '팬덤' 현상이다. 팬이 되는 것은 사회적 역기능의 징후, 즐거움과 정체성 개발에 초점을 맞춘 소비자 전략, 또는 다른 음악 '팬'과 대인 관계의 형성을 원하는 것 등으로 다양하게 개념화되었다.[1] 이 중 하나 또는 모두가 일리가 있다. 열성적인 팬이 되기 위해서는 음악회에 참석하고 음반을 구매하고, 또 진정한 열성 팬의 경우엔, 먼 곳에서 하는 공연을 보기 위해 여행을 떠날 수 있는 충분한 재원이 필요하다. 다시 말해 이를 위해서는 고소

득이 요구된다.[13]

오디언스 에이전시Audience Agency에서는 사회 경제적 지위와 지리적 위치가 문화 활동의 참여에 미치는 영향에 대해 연구했다.[14] 이 연구에서는 문화적 가치를 기반으로 열 개의 상이한 집단을 구분했으며, 이는 아래에 정리한 바와 같다. 자신과 동일시할 수 있는 집단이 있는지 확인해 보기 바란다.

- **대도시 문화인**Metroculturals: 매우 광범위한 문화적 스펙트럼에 관심을 가지는 부유하고 개방적인 도시인

- **교외 주택 지역의 문화 애호가**Commuterland culture buffs: 부유한 전문직 문화 소비자

- **경험 탐구자**Experience seekers: 매우 활동적이고 다양하며, 사교적이고 의욕적이며, 정기적으로 예술 활동에 참여

- **교외 주택지의 정기적 참여자**Dormitory dependables: 교외 소도시 출신으로, 전통적 활동과 주류 예술에 관심을 가짐

- **여행과 특별한 즐거움**Trips and treats: 자녀, 가족, 친구의 영향을 받아 주류 예술과 대중문화를 즐김

- **가정과 전통**Home and heritage: 시골 지역의 작은 마을 출신으

로, 낮 시간 활동과 역사적 이벤트에 참여
- **자신의 취미에 맞음**Up our street: 보통의 습관과 수입을 가지며, 비정기적으로 대중 예술, 오락, 박물관을 찾음
- **페이스북 가족**Facebook families: 교외 및 도시에 준하는 지역의 젊은 세대로, 라이브 음악, 외식, 판토마임 같이 인기 있는 오락거리를 즐김
- **변화무쌍한 창의성**Kaleidoscope creativity: 배경과 연령 대가 혼합되어 있으며, 특히 지역 사회를 기반으로 한 이벤트와 페스티벌에 비 정기적으로 방문 또는 참가
- **전성기 시절**: 노인 세대로, 예술 및 문화 이벤트 참여를 위한 이동에 종종 제한을 받음

대부분의 범주화와 마찬가지로, 이러한 구분도 지나치게 단순화된 면이 없지 않다. 그러나 라이브 음악을 접하는 기회와 관련하여 사람들이 직면하는 이슈를 재원과 지리적 위치를 기반으로 강조한 것이 흥미롭다.

이에 비해 열광적인 음악 팬과 음반 수집가의 행동을 이해하는 것은 크게 주목받지 못했다.[11] 이들은 주로 남성으로 정서적 반응, 음악에 휩싸이는 경험, 음악 이벤트를 다

시 경험할 필요성 등의 다양한 동기에서 비롯된 욕구를 충족시키고, 그 분야의 지식을 넓히거나 자신의 이미지를 유지하기 위해 음반을 수집한다.[15] 기술 발전은 기술을 이용하고, 기술을 소비하고, 다양한 다운로드 이력을 가진 사람들(비 정기적 다운로더, 온라인 청취자, 탐험가/개척가, 호기심 많은 개인, 복제자)이라는 측면에서 집단이 더욱 세분화되도록 이끌었다.[16]

여가 활동에서의 음악

일부 문화에서 음악 작업은 중심적인 일상의 활동이다. 예를 들어, 브라질 아마존 열대 우림 지역에 사는 메크라노티 Mekranoti 인디언은 대부분이 수렵·채집인으로 매일 음악 작업을 한다. 여성은 아침과 저녁에 한두 시간 동안 노래를 하며, 남성은 매일 아주 이른 아침(새벽 4시 30분)에 보통 두 시간 동안 그리고 종종 해 지기 전에 30분 정도 노래를 한다. 이런 활동의 일부는 역사적으로 여가가 아닌 공격에 대비한 경계의 필요성과 관련이 있겠지만, 이것이 지속되었다는 것은 능동적인 음악 작업이 본질적으로 보람이 있기 때문일 것이다.[17] 서양 문화에서는 매일같이 이런 식으로 음악 작업을 하지는 않는다.

비록 음악 듣기가 음악 관련 활동 중 가장 일반적인 방법이지만, 많은 사람들이 악기 연주를 배우고 합주를 한다. 또 합창단에서 노래를 부르고 각종 비공식적 음악 작업에 참여하는 식으로 적극적으로 음악 활동을 한다. 우리가 타인과 음악 작업을 하는 이유는 음악을 좋아하고, 음악적 기술을 개발하고 싶고, 새롭게 도전하고, 생각이 비슷한 사람들을 만나고 싶어서이다. 음악 작업은 대체로 즐겁고 마음을 느긋하게 해 주며, 자기표현의 기회와 음악적 기량을 뽐낼 수 있는 기회를 제공한다. 생활에 짜임새를 주고, 우정을 키울 기회와 가족과 일에서 받는 스트레스를 덜어 낼 기회를 주고, 정신적 충족을 제공할 수 있다. 음악 단체의 일원이 됨으로써 소속감, 신뢰감, 협동심을 느낄 수도 있다. 성인의 음악 활동은 종종 어린 시절 집이나 학교에서 활발하게 했던 음악 활동의 연장이기도 하다. 다만 참여의 패턴은, 중년에는 줄어들고 은퇴 후에는 늘어나는 것처럼, 시간이 흐르면서 변화하는 듯하다. 때때로 인생을 바꿀 만한 사건으로 인해 다시 참여하게 되는 원동력을 얻기도 한다.

서양 문화에서 성인이 음악 활동에 참여하는 이유는 크게 다음의 범주로 나눌 수 있다.

- **개인적 동기**: 자기표현, 오락, 자기 개발 및 여가 시간의 이용
- **음악적 동기**: 음악에 대한 사랑, 자신과 다른 사람을 위해 연주, 음악 학습의 심화
- **사회적 동기**: 새로운 사람과의 교제, 친구와 시간 보내기 및 소속감 확보
- **영성**

자신이 다른 사람들과 적극적으로 음악 활동을 하고 있다면, 이러한 범주와 패턴의 참여가 자신의 경험을 잘 반영하는가?

감정과 행동을 조정하기 위해 사용되는 음악

TV에서 영화나 드라마를 볼 때 소리를 없애 본 적이 있는가? 이때 분명해지는 사실은 음악 없이는 많은 장면들이 의미가 없을 정도로 음악이 분위기를 좌우한다는 것이다. 영화에서 음악의 역할을 잘 보여 주는 가장 유명한 예는 히치콕 감독의 영화 '사이코Psycho'의 샤워 장면이다. 이 장면은 음악 없이도 충격적이긴 하지만 음악이 있으면 훨씬 더 공포스럽다. 음악은 여러 면에서 우리가 영화나 TV 프로그램을 흥미롭게 보도록 만든다.[18] 대부분의 영화 음악은 잠재의식에서 우리의 감정에 영향을 주도록 제작된다. 움직임이 여러 가지로 해석될 수 있을 때 음악은 어떤 일이 벌어지는 중인지 힌트를 줄 수 있다. 별다른 정보가 없을 때 음악은 등장인물을 설명하는 데 도움을 준다. 때로는 어떤 성격에 테마가 부여된다. 그러한 테마의 의미는 문화적 차이에 따라 달라질 수 있다. 예를 들어 어떤 문화에서는 용기를 나타내는 음악이 다른 문화에서는 악을 나타낼 수도 있다. 음악은, 예를 들어 어떤 상황이 벌어지는 과거 또는 이후 일어날 미래를 시사해 주는 등 관객에게 정보를 전달함에 있어 대사보다 훨씬 효과적인 경우가 많다. 또한 무언가 무서운 일이 발생하려고 할 때 긴장감을 높여 급박함을 나타낼 수 있고, 음량을 높이면 빠른 연속 동작의 느낌을 만들어 낸다. 장면에 음악이 더해지면 우리는 사건의 분위기를 더 잘 기억하게 되는데 이는 음악이 우리의 감정적 경험을 깊게 해 주기 때문이다.[18]

쇼핑이나 외식, 통화 중일 때 주변에서 흘러나오는 음악을 어떻게 의식하는가? 이런 상황에서 음악은 성가시게 들리는가 아니면 긍정적인 효과를 주는가? 우리는 음악을 통해 쇼핑, 식사, 음주 습관을 조절할 수도 있다. 예를 들어 우리가 쇼핑하는 속도가 흘러나오는 배경 음악의 템포 및 음량과 밀접한 관련이 있다는 사실을 알고 있는가? 음악이 느리면 쇼핑하는 데 더 오랜 시간이 걸리고, 그 결과 더 많은 돈을 쓰게 되는 경향이 있다. 재생되는 음악의 종류는 우리가 구매하는 품목에도 영향을 줄 수 있다. 한 연구에서 슈퍼마켓에 정형적인 프랑스 또는 독일 음악을 틀어 놓게 했다. 추후에 인터뷰를 통해 확인한 결과에 따르면, 고객이 음악의 영향을 의식하지 못했음에도 불구하고 이러한 장치는 프랑스산 또는 독일산 포도주 판매에 영향을 주었다.

이와 비슷하게 자연을 묘사하는 배경 음악은 오렌지 주스의 원산지에 대한 인식, 가격, 오렌지의 유전자 조작 여부, 주스를 마심으로 건강에 주는 이로운 효과에 대한 믿음에 영향을 주었다.[19] 음악은 우리를 부추겨 가게에 들어가 둘러보게 만드는 데 이용된다. 판매 중인 다양한 물건을 살 가능성이 있는 사람들을 겨냥해 음악이 선별되는데, 이런 식으로 사용되는 음악의 효과는 음악과 고객의 취향이 잘 맞는지 여부, 음악의 친숙함, 선호되는 정도, 고객의 기분에 따라 좌우된다. 이러한 판매 환경에서 언제 음악을 사용할지에 대한 결정은 상업적 가치(세일, 구매 품목 개수, 지출 비용), 감정(기분, 각성, 즐거움), 지속 시간(소비 활동 시간, 고객 응대 시간, 음악에 노출되는 시간, 지출 결정에 드는 시간)을 기반으로 이루어진다. 다양한 연구에 따르면, 음악은 이러한 환경에 약간의 효과만을 주는 것으로 나타났다.[20]

음악이 상업적으로 이용되는 방법 중 하나는 우리의 각성 수준에 영향을 주는 것이다. 예를 들어, 레스토랑에서는 고객이 먹거나 마시는 속도에 변화를 주기 위해 음악을 이용할 수 있다. 느린 음악이 나올 때, 먹는 속도는 늦춰지고 고객은 마시는 데 더 많은 돈을 소비한다. 빠른 음악은 소비 속도를 높이고, 바쁜 시간대에는 회전율을 높일 수 있다. 전화가 대기 상태일 때 듣는 음악의 종류는 우리가 대기할 것인가 말 것인가를 결정하는 데 영향을 준다. 음악이 마음에 들면 우리는 기다릴 가능성이 높다.[19] 음악적 선호는 사람마다 천차만별이기 때문에 어떤 음악을 선택할 것인지, 혹시 음악이 고객을 쫓아내지는 않을지에 대한 판단을 하기 위해 업체들은 골머리를 앓는다. 그래서 일부에서는 모든 것을 감안할 때 차라리 아무 음악도 틀지 않는 게 낫다고 결정할 수도 있다.

광고에서 음악은 우리가 특정한 제품을 사도록 조장하는 데 핵심적인 역할을 한다. 음악이 제품 특성에 대한 소비자의 생각과 잘 어울리거나 부합하는 경우, 잠재적 구매자의 태도를 강화한다고 여겨진다. 예를 들어 신나는 클래식 음악은 종종 값비싼 스포츠카의 광고에 이용된다. 음식 광고에는 제품명이 가사 안에 포함된 발랄한 노래가 함께 나오는 경우가 많다. 음악이 제품과 잘 맞으면 제품은 더 잘 기억된다. 대체로 음악은 제품의 매력을 강화하고 제품을 기억할 확률을 높이는 데 효과적이다.[19]

일반적으로 우리는 싫어하는 음악은 피하는 경향이 있

다. 경찰이나 지역 당국에서는 음악의 이런 점을 이용하여, 탐탁지 않은 사람들을 공공장소에서 나가게 하는 데 사용한다. 오페라 또는 기타 클래식 음악이 보통 이런 목적으로 사용된다. 경찰은 동요나 다른 잔잔하고 기분 좋은 음악을 틀어서, 만취한 사람들의 공격적인 행동을 완화시키기도 한다. 시끄러운 음악도 심리전의 형태로 사용되었다. 예를 들어, 미국 군대는 관타나모의 미국 해군 기지에 헤비메탈 그룹 메탈리카Metallica의 '엔터 샌드맨Enter Sandman'을 최대 음량으로 여러 시간 동안 틀어 일종의 고문 수단으로 이용했다. 이러한 행동은 이전에는 국제 연합에서 금지되었다.

음악과 우리 생활

———

우리는 기분이나 감정을 바꾸고, 정체성을 개발하고 유지하며, 일상의 업무를 수월하게 수행하려는 등의 다양한 이유로 음악을 듣는다. 음악 듣기와 음악 작업은 많은 사람들이 즐겨 하는 여가 활동이다. 이런 활동에 임하는 열정의 정도는 개인마다 굉장히 다르다. 음악회나 페스티벌 참석은 녹음된 음악을 듣는 일보다 훨씬 많은 관심을 요구하지만, 삶의 질 측면에서 볼 때 적극적으로 음악 작업을 하는 것만큼의 혜택이 있다. 음악은 영화에서 우리의 감정을 움직이고, 상업적으로는 우리가 제품을 기억하고 구매하도록 부추긴다. 쇼핑, 외식, 대기 모드에서 우리의 행동에 영향을 끼친다. 우리에게 들려오는 음악에 대한 통제권이 없을 때, 음악은 심각한 유해 효과를 줄 수 있다.

05

음악을 활용한 건강과 웰빙

수백 년 동안 음악은 우리의 행복하고 만족스러운 삶에 영향을 줄 수 있는 잠재력이 있다고 여겨졌다. 이에 관해서는 소크라테스도 다음과 같이 기록했다.

리듬과 화음은 영혼의 깊숙한 곳으로 들어와 그곳에 단단히 고정되어 신의 은총을 전한다.[1]

현대 음악 치료는 중상을 입고 제2차 세계 대전에서 돌아온 재향 군인들을 지원하기 위해 미국에서 개발되었다.

그 이후로 음악 치료사들은 모든 세대의 매우 다양한 사람들과 함께 일하며, 인간관계를 개선하고, 자존감을 높이고, 리듬을 통해 활기를 북돋우고 행동을 체계화하기 위해 음악을 이용했다. 최근에는 건강을 증진하고 환자들의 불안과 고통을 줄이기 위해 음악을 이용하는 음악 치료 분야가 성장하고 있다. 음악 치료는 음악 종사자들이 병원을 찾아 세대를 불문한 다양한 환자들이 치료 후 조속히 회복하고 심리적 안정을 얻을 수 있도록 즐겁게 해 주고, 직접 음악 작업에 참여하도록 하는 일과 비슷하다. 이 외에도 우리가 적극적으로 음악 활동을 하거나 음악 듣기에 시간을 보내는 사이, 음악이 일상에서 만족감을 증진시킬 수 있는 방법에 대해서도 관심이 높아지고 있다. 이러한 다양한 작업 간의 경계는 시간이 갈수록 흐려지고 변화하고 있다. 예를 들어, 요양원에 있는 알츠하이머병 환자에 대한 치료 작업은 원래 음악 치료사들이 시작했지만, 그 효과가 입증되고 임상 사례들이 널리 퍼져 나감에 따라 이제는 지역 사회의 음악인들이 행하는 경향이 있다.

나는 음악이 주는 광범위한 혜택에 대한 증거와 관련해 세 편의 보고서를 작성했다. 첫 번째가 2001년, 마지막이

2014년이었다.[2,3,4] 이 기간을 거치는 동안 연구의 총량이 엄청나게 증가했다. 이번 장에서는 이 연구에서 얻은 매우 중요한 결론을 몇 개의 예를 통해 정리할 것이다.

웰빙이란 무엇인가?

위와 같은 질문을 받는다면, 웰빙을 구체적으로 어떻게 규정하겠는가? 현재 다양한 정의들이 있지만, 광의의 웰빙은 정서적 반응과 전체적인 만족 수준을 포함하여 삶의 질에 대해 스스로가 어떻게 느끼고 있는가에 대한 것이다. 웰빙에 대한 일부 정의에서는 행복 추구 관점(인간 기능의 긍정적 측면)을 강조하고, 다른 정의에서는 쾌락주의적 관점(좋은 기분)을 강조한다.[5] 다양하게 개념화되면서 각각의 정의에서 강조하는 점도 다르다.

웰빙을 정의하는 일반적 접근법 중의 하나인 욕구 충족 접근법에서는 주관적인 웰빙이 기본적이고 보편적인 인간의 욕구가 충족되는 정도를 반영하는 것이라고 말한다. 이러한 욕구는 애정(환영받음, 사랑받음, 신뢰를 얻음, 인정을 받음), 행동상의 증거(일 처리를 잘함, 유용한 역할을 함)와 지위(존경받음, 인정받는 기량이나 자질을 가짐, 독립적이고 자율적임)를 포함한다고 해석된다.[6] 또 다른 대안적 접근법에서는 가장 보편적인 유형의 정신 질환인 불안, 우울증 판단 기준의 대칭 이미지를 기반으로 한다.[5] 이 대칭 이미지는 '활기 넘치는 삶flourishing'으로 개념화되었다. 활기 넘치는 삶에 대한 열 개의 범주와 각각의 정의들이 표 5.1에 정리되어 있다.

표 5.1 활기 넘치는 삶의 기준

범주	기준
능력	집중력, 주의력, 의사 결정력, 일반적인 능력
정서적 안정성	평온함, 여유 있음, 침착함
참여	관심, 기쁨, 즐거움
의미	목적, 중요성, 삶의 가치
낙관주의	미래에 대해 희망적임
긍정적인 감정	긍정적인 기분, 행복함, 발랄함, 만족함
긍정적인 관계	사회적 관계, 긍정적인 지지
회복력	불안과 걱정의 관리, 정서적 회복력
자존감	자아 존중감, 자신감
활력	정력적임, 지치거나 무기력하지 않음

음악과 웰빙

표 5.2는 음악 활동이 어떻게 활기 넘치는 삶을 지원할 수 있는지 보여 준다. 정서적 안정성, 긍정적인 감정, 낙관주의와 관련된 요소들은 모두 우리의 각성 수준, 감정, 기분에 미치는 음악의 영향과 관련이 있으므로 같은 범주에 넣었다. 앞으로 이어지는 각 부분에서는 활기 넘치는 삶의 이러한 각각의 측면들을 음악이 어떻게 지원해 줄 수 있는지 그 예를 제시한다. 제목 아래 각각의 예시를 들고 있지만, 일반적으로 음악은 모든 것에 동시에 영향을 준다.

다음에 제시되는 내용을 읽으면서 음악이 자신에게 주었을 영향에 대해 생각해 보기 바란다. 긍정적·부정적 영향 모두를 생각해 보자. 이때 음악이 긍정적인 경험을 제공하는 경우에만 웰빙에 도움이 된다는 점을 인정하는 것이 중요하다. 다른 사람에 의해 음악이 강요되고 그것이 우리의 취향이 아닌 경우, 혹은 음악 작업이 전혀 즐겁지도 않고 보람도 없는 경우에는 긍정적 효과는 없을 가능성이 높고 오히려 부정적인 영향이 있을 것이다(4장 참조).

표 5.2 음악 활동이 활기 넘치는 삶을 어떻게 지원할 수 있는가

범주	음악 활동이 기준을 어떻게 충족시키는가와 관련한 증거
능력	음악적 기량과 지식의 개발, 청각 지각과 언어 기술, 언어적 기억, 읽고 쓸 줄 아는 능력, 시간적–공간적 추리, 일부 수학 원리, 어린이의 지적 개발 및 성취로 인한 혜택, 기억 및 추억과 관련하여 고령자들에게 주는 혜택.
정서적 안정성, 긍정적인 감정, 낙관주의	개인들은 기분을 바꾸고 감정에 영향을 주기 위해 음악을 이용한다. 음악은 정서적 안정성과 낙관주의에 도움이 되고 불안을 줄여 줄 잠재력이 있다.
참여	음악은 전 생애에 걸쳐 즐거움과 기쁨을 제공할 수 있으며, 어느 나이 대에 있든지 어려운 상황에 있는 사람들에게 동기를 부여할 수 있다.
의미	음악은 전 생애에 걸쳐 개인의 삶에 목적을 부여할 수 있으며, 긍정적인 음악적 정체성 개발을 가능하게 해 줄 수 있다. 고령자들에게는 정신적 및 영적 요소를 포함할 수 있다.
긍정적인 관계	적극적인 음악 활동은 일반적으로 타인과의 사회적 관계를 필요로 한다. 팀워크를 향상시킬 수 있고, 연주 기회는 긍정적인 피드백과 사회적 지지를 제공할 수 있다.
회복력	힘든 상황에 처한 어린이와 성인에 대한 연구 결과 음악은 회복력 발달에 효과가 있는 것으로 나타났다.
자존감	연주 또는 학습 활동을 통해 긍정적인 피드백을 받으면 평생 동안 자존감을 높일 수 있다.
활력	음악은 동기 부여를 강화하고 유지시킴으로써 활기를 북돋고 신체적 활동을 지원해 줄 수 있다.

음악적 능력

어떤 종류든 음악 활동에 적극적으로 참여할 때, 우리는 음악적 능력을 개발한다. 개발되는 능력의 종류와 그 능력이 발전하는 정도는 활동의 본질, 투입되는 시간의 양, 개인별 학습 능력, 학습 교재 또는 교습의 성격과 질에 따라 달라진다(7장 참조). 음악적 능력 외에도, 적극적인 음악 작업은 듣기, 집중력, 기억력, 읽고 쓸 줄 아는 능력, 시간적-공간적 추론(공간적 패턴을 상상하고 부분이나 조각들이 그 공간에 어떻게 꼭 들어맞을 수 있는지 이해하는 능력) 및 수학과 관련한 어린아이들의 기타 다양한 능력을 향상시킬 수 있다. 청소년의 경우엔 전체적인 성취 면에서 혜택을 얻을 수 있으며, 나이 많은 어른들의 경우엔 집중력, 주의력, 기억력이 향상된 것으로 보고된다.[7,8] 인지 능력과 관련하여 음악이 주는 혜택은 8장에서 논의할 것이다.

정서적 안정, 긍정적 감정, 낙관주의

4장에서 살펴본 것처럼 우리는 일상생활에서 우리의 기분과 감정을 관리하기 위해 음악을 이용한다. 음악이 심리적 웰빙과 건강에 미치는 영향은, 전적이지는 않지만 대부분은 음악이 불러일으키는 감정을 통해 이루어진다. 음악은 감정을 이끌어 내고, 자율 신경계를 자극하여 기분을 바꾼다. 감정과 관련된 신체 반응으로는 도파민, 세로토닌, 코르티솔, 엔도르핀, 옥시토신 수준의 변화 등이 있다.[9] 이러한 반응은 의식적 조절 없이도 우리 건강에 다양하게 영향을 줄 수 있다. 예를 들어 미숙아나 체중 미달로 태어난 아기에게 음악적 자극을 주면 멈추지 않는 울음을 상당히 줄일 뿐만 아니라, 맥박 수와 호흡수를 비롯하여 다양한 생리적 수치들이 개선될 수 있다.[10] 합창단에서 노래하는 사람들은 몸의 이완과 신체적 긴장 해소, 감정적 해방감과 스트레스의 감소, 행복, 긍정적 기분, 환희, 신남, 의기충천한 느낌, 한층 고양된 개인적, 감정적, 신체적 웰빙의 느낌을 포함해 좋은 점이 많다고 말한다.[7] 병원에서의 음악 활동은 환자들이 심신을 안정시키는 데 도움을 준다. 고통스러운 처치를 받는 동안 친숙한 음악을 들으면 불안을 줄여 주고, 정신을 다른 데로 쏠리게 하며, 스트레스를 감소시킬 수 있다. 따라서 진정제를 투여할 필요성도 줄일 수 있다.[11,12]

음악 작업은 감정을 통제하는 데 도움이 될 수 있다. 예를 들어 어린아이나 장애를 가진 아이들의 충동 조절과 자기 통제에 영향을 줄 수 있다.[13,14] 분노를 조절하는 데도 도움이 되며, 자제력 발달에 도움을 주고, 불만이 많은 젊은 이들이 자신의 감정을 보다 효과적으로 표현할 수 있게 도와줄 수 있다.[14] 놀라운 사실은 아니겠지만, 드럼 연주는 이런 점에서 특히 효과적인 것으로 보인다.[4]

정서적으로 취약한 노인들의 경우 음악 활동은 우울증을 감소시키고 긍정적인 감정을 불러일으킨다. 감정을 조절할 수 있도록 도우며, 영적 체험을 제공할 수도 있다.[8,15] 또한 전쟁으로 정신적 외상을 입은 아동들, 강제로 전투에 투입되었거나 스파이로 일한 사람들, 병사의 아내, 종군 민간인이었다가 이제는 난민이 된 사람들의 치료에 도움이 될 수 있다. 자신의 문화에 속하는 음악과 창작품을 이용하여 이러한 젊은이들이 공포와 어려움을 극복하고 치유하는 데 도움을 줄 수 있다.[4]

음악 참여 효과

반감이 많은 젊은이들이 음악 덕분에 다시 학교에 관심을 가지게 되어 출석률이 높아지고 학교에 대한 태도가 개선되는 결과로 이어질 수 있다. 10대 남자아이들은 드럼 연주에 호응하는 경향이 있다. 드럼 연주가 그들의 남성성을 강화하고, 재미있고, 집단 결속력, 자존감, 행동 및 사회적 능력과 같은 긍정적인 가치를 향상시킨다는 점이 이유의 일부가 되기도 한다.[16] 음악은 교육이나 직업 훈련을 받는 상태도 아니고 고용되어 있지도 않은 젊은이를 뜻하는 니트NEET 족을 다시 사회로 복귀하게 만드는 도구로 작용할 수 있다. 음악 작업을 배우면 자신감, 성취감, 동기 부여, 열망이 커지고, 자율성을 얻으며, 우정을 쌓는 데도 도움이 되는 것으로 나타났다. 참여자들은 듣기, 추론, 의사 결정, 집중력, 협동 작업, 시간 엄수, 목표 설정, 마감 엄수 등과 같은 다방면으로 이용 가능한 기술도 개발할 수 있다.[17]

음악 활동은 성인 범죄자의 자신감, 의사소통, 사회적 기술 향상에도 이용된다.[18] 일반적으로 음악 활동 참여자들은 자신의 상황을 더 잘 반성할 수 있고, 자신이 변할 수 있다고 믿고, 어떤 경우에는 공부 및 훈련을 더 할 수 있는 기회를 찾는다. 나이 어린 범죄자와 성인 범죄자 모두 음악 활동을 통해 재범률이 현저히 줄어든 사례가 있다. 물론 언제나 그런 것은 아니다. 음악은 참여자들이 협력자와 신뢰를 바탕으로 한, 개인적 판단을 하지 않는 관계를 형성할 수 있게 하는 유인 수단으로 작용하는 듯 보인다. 바로 이런 점 때문에 변화가 가능하다.

음악 활동의 의미

음악은 인간의 전 생애에 걸쳐 의미와 목적을 부여할 수 있다. 음악의 긍정적 효과는 정체성의 개발을 돕고, 어린이와 젊은이에게 더 큰 목적의식과 자신감을 주어 개인 및 집단적 정체성을 강화시킬 수 있다.[14,19] 적극적으로 음악 작업에 참여하는 성인들은 음악 작업이 가치 있고, 보람 있다고 말한다. 노년층에게는 음악 작업이 일상생활에 체계와 목적을 제공하여 동기를 부여하고 우울증을 감소시킬 수 있다.[8]

긍정적인 관계 형성

1장에서 살펴보았듯이, 박자에 맞춰 함께 움직이는 일은 사회적 유대를 촉진한다. 이는 보호자와 긍정적인 상호 작용을 촉진하기 때문에 아기의 사회적 발달에 중요하다. 어느 나이 대에서든 단체 음악 작업은 사회화의 강력한 요소로 소속감에 기여한다. 방과 후 음악 활동을 통해 비슷한 생각을 가진 사람들과 우정을 쌓을 수 있고, 자신감이 증가하고 사회적 네트워크가 개선된다. 전반적으로 단체 음악 작업은 아이들이 사회적 기술과 의사소통 기술, 협력, 팀워크를 개발하는 데 기여한다.[14]

음악 단체에 속해 있는 성인들은 소속감, 사회적 적응력, 신뢰감, 협동심이 증가하고, 갈등 관계에 있던 지역 사회 안에서 편견이 감소되는 등 관계 변화가 있다고 말한다.[20] 타인과 음악 작업을 하려면 팀워크가 필요하다. 음악을 연주해야 할 때는 특히 그렇다. 음악 단체의 구성원들은 다른 연주자들의 행동과 의도, 신체 및 감정 상태를 주시해야 한다. 이것은 타인의 감정, 경험, 가능한 반응을 파악하고 고려해 적절한 반응을 표현하는 공감 능력 개발에 핵심

적이다. 음악 활동에 참여하는 것은 어린아이의 공감 능력을 키워 준다.[21]

단체 음악 작업은 지적 장애가 있는 아동을 좀 더 기꺼이 받아들이게 만들고, 젊은이들이 지역 사회에서 타인을 돕고 사회 및 경제적 불평등을 바로잡기 위해 일하겠다는 사명 의식을 높여 준다.[22] 자폐아의 음악 치료는 사회적 상호 작용과 언어 및 비언어적 의사소통 향상에 기여한다.[23] 대체로 타인과 함께 하는 음악 작업은 다른 방법으로는 쉽게 만들어지지 않는 유대 관계를 발전시킨다. 참여하는 개인들이 타인에게 보다 관대해지고 수용적이 되도록 유도할 수 있다.

회복력 증가

영국에서 정부의 '돌봄을 받는 아동들'은 양질의 음악 작업을 통해 자신들이 직면한 도전과 싸워 가는 과정에서 회복력을 키울 수 있었다. 협상력과 협동심이 향상되고, 또래를 신뢰하는 법을 배운다. 자기표현 능력이 발달하고 자기 인식이 증가하며, 자제력, 책임감, 성취감이 늘어나고, 성인들과 긍정적인 관계를 형성한다.[24] 이와 유사하게, 심각하고 다양한 삶의 스트레스를 경험하고 있는 젊은이들이 음악 프로그램에 참여한 후에 회복력을 증가시킬 수 있다.[25]

자존감 향상 효과

우리가 스스로에 대해 가지고 있는 믿음은 웰빙에 큰 영향을 준다. 긍정적인 자기 신뢰는 타인으로부터 긍정적인 피드백을 받고 자신을 지지해 주는 사회적 관계를 가지고 있느냐에 따라 좌우된다. 세대를 불문하고 다양한 사람들이 가족, 친구, 교사로부터 긍정적인 평가를 받고 음악적 기량을 키움으로써 자아 개념이 개선되는 효과를 볼 수 있다.[4,8] 성공적인 음악 활동에서 비롯된 자신감 증가는 다른 분야에도 영향을 미쳐 동기 부여와 열의를 높일 수 있다.[4,14] 그러나 음악 활동 참여에 대해 타인으로부터 부정적인 피드백을 받으면 자기 신뢰에 해로운 영향을 줄 수 있다.

음악은 형사 사법 체계에서 소년범과 성인 범죄자의 자

존감을 높이기 위한 수단으로도 활용된다. 그 효과는 자신이 음악의 주체라고 느끼는 정도에 의해 영향을 받는다. 그러나 이러한 음악적 활용이 만만한 것은 아니다. 선호되는 음악이 또래 사이에 신뢰와 명성을 가져오기도 하지만 아울러 범죄적 성향의 표현(마약, 총, 갱단, 여성 혐오와 관련된 장르)을 전달하는 경우도 있기 때문이다.[26]

삶에 제공하는 활력

음악 작업은 활력을 증가시킬 수 있다. 기존에 가지고 있던 기량을 뽐내고 새로운 기술을 습득할 수 있는 기회를 제공하며, 삶에 체계를 세울 수 있다. 우정을 키우고 사회적 상호 작용에 참여하며, 가족이나 직장에서 받는 스트레스에서 해방되고 영적 충만함과 기쁨을 누릴 수 있는 기회를 제공한다.[8] 합창단의 일원으로 노래하는 사람들은 행복감과 긍정적인 기분, 개인적, 감정적, 신체적으로 보다 큰 웰빙을 누리며, 더욱 활기차고 에너지가 넘치는 기분이라고 전한다.[7]

신체적 건강에 주는 혜택

최근 몇 년 동안 심리적 건강과 신체적 건강의 관계와 정신 건강이 신체 건강에 영향을 미치는 방식에 대한 관심이 높아졌다. 음악은 우리의 기분, 감정, 각성 수준에 미치는 영향을 통해 우리의 신체 건강에 이로움을 준다는 것을 보여 주었다. 예를 들어 음악 작업을 하고 음악을 듣는 일은 면역 체계에 긍정적인 효과를 준다.[9,27] 음악은 보다 직접적으로 치료 역할을 하기도 한다. 예를 들어, 뇌졸중 이후의 언어 장애를 호전시키는 데 도움이 될 수 있으며,[28] 여러 질병에 있어 운동 신경의 재활을 돕고, 움직임의 질, 범위, 속도를 향상시킬 수 있다.[28] 음악 치료는 또한 조현병과 우울증을 포함한 다양한 만성적 정신과 질환의 치료에도 효과가 있다.[29] 합창단에서 노래하는 사람들에 의해 확인된 건강 혜택으로는 우선 스트레스 감소, 오랫동안 지속된 심리 및 사회적 문제와 관련한 치료 효과를 들 수 있다. 또한 음악 활동과 관련된 신체, 특히 폐의 활동을 통해 몸을 운동시키고, 좋은 자세를 유지함으로써 근육과 뼈 등을 단련할 수 있다.[30] 노년의 합창 단원들은 신체 건강의 악화가 느리고 의사를 방문하는 횟수나 약을 사용하는 경우도 적고, 상대적으로 낮은 사망률을 보인다. 알츠하이머 환자는 근본적인 인지 기능의 저하에 대한 장기적 효과는 기대할 수 없지만, 기억을 돕고 기분과 행동을 나아지게 하는 측면으로 인해 음악 활동의 참여가 이로울 수 있다.[8]

음악이 웰빙에 주는 다양한 이점

대체적으로, 음악을 듣든 적극적으로 음악 작업에 참여하든, 음악 활동을 함으로써 우리의 웰빙과 신체 건강이 얻는 이득은 많다. 이러한 이득은 음악이 우리의 각성 수준, 기분, 감정에 미치는 영향, 단체 음악 작업의 사회적 측면, 우리의 개인적 성장에 미치는 영향, 어떤 경우엔 직접적인 음악 치료 개입을 통해 발생한다. 음악 듣기를 통해 혜택을 얻으려면, 음악을 듣는 사람이 그 음악을 좋아해야 한다. 다른 사람이 강요하는 음악이 우리의 취향과 맞지 않을 때는 긴장과 고통을 유발할 수 있다. 사회 및 개인적 혜택을 얻기 위해서는, 참여자와 음악 활동을 도와주는 사람이 주고받는 인간관계의 질이 매우 중요하다. 교습자의 자질, 개인이 성공을 경험하는 정도, 대체적으로 좋은 경험인가의 여부 등이 긍정적인 효과의 실현 여부를 결정한다. 어느 면에서든 음악적 경험이 부정적이면, 실현 가능한 모든 긍정적 영향이 최소한으로 그치거나 전혀 없게 된다.

06
음악적 능력과 관련된 주제들

음악적 능력이란 무엇인가

무엇이 음악적 능력으로 여겨지는가에 대해 일치된 정의는 없다. 오히려 참으로 다양하고 많은 용어들이 이를 지칭하기 위해 사용된다(음악 적성, 음악적 잠재력, 음악적 재능, 음악성). 이후에 살펴보겠지만, 많은 사람들이 음악적 능력을 노래를 하거나 악기를 연주하는 능력과 동일시한다. 여러분도 이런 식으로 규정하는가? 악기를 연주하거나 합창단이나 그 밖의 집단에서 정기적으로 노래를 부른다면, 적극적이고 정기적으로 음악 활동에 참여하지 않는 사람과는 음악적 능력을 다르게 개념화할 가능성이 있다. 또한 음악적 능력에 대한 정의는 개인의 문화적 배경, 대중 매체에서 제시하는 견해들, 또는 개인이 속한 사회적 집단의 영향을 받을 수도 있다.

음악적 능력에 대한 연구의 기원

19세기 후반, 심리학자들은 인간 지능의 본질에 관심을 가지기 시작하여 이를 평가할 테스트를 고안해 냈고, 현재는 일반적으로 아이큐IQ 테스트로 알려졌다. 이와 함께 일부 심리학자들은 음악적 능력의 본질과 그것을 측정하는 방법에 관심을 집중했다. 연구 초기에는 청각적 지각, 다시 말해 소리의 차이를 들을 수 있는 능력에 초점을 두었다. 예를 들어 전형적인 음악적 능력 테스트에서는, 개별적인 음들의 높이 차이, 리듬 및 멜로디 패턴, 또는 몇 개의 음들이 함께 연주되고 있는지를 알아내라는 질문을 받을 수 있다. 이 당시에는 지능에 대한 믿음과 더불어 많은 이들이 음악적 능력은 유전이어서 학습을 통해 개발될 수 있는 정도는 한계가 있다고 생각했다. 역사적으로 이러한 테스트의 목적은 보다 집중적인 음악 교육, 흔히 악기 레슨을 받으면 좋을 적합한 아이들을 찾아내는 것이었다. 청각 구별 능력이 미래의 음악적 성과를 예견한다는 시각에서였다. 그러나 높은 수준의 음악적 기술을 습득하기 위해서는 상당한 헌신과 노력이 필요하기 때문에, 음악 능력 테스트가 미래의 음악적 성과를 정확히 예측한다는 강력한 증거는 없다.[7] 놀랄 것도 없이, 적극적으로 음악 활동에 많은 시간을 들이는 사람들은 음악 처리 기량이 향상되면서 테스트 점수도 향상되는 경향을 보인다. 그럼에도 음악 능력 테스트는 일부 교육적 상황에서 계속해서 사용되고 있다.[1]

음악적 능력이 유전된다는 가능성의 증거

1장에서 살펴보았듯 생물 종의 하나인 인류는 음악적으로 발달할 수 있는 능력을 지니고 있다. 이러한 능력은 언어적 능력과 마찬가지로 보편적이라는 일반적인 합의가 있다.[2]

그렇지만 우리가 음악적 기술을 개발시키는 능력의 차이 정도와 이것이 유전적 요인에 의해 결정되는 정도에 대해서는 논란이 지속되고 있다. 음악적 능력의 유전적 요인에 대한 초기 연구는 일란성 및 이란성 쌍둥이와 기타 가족 관계에서 측정된 음악적 능력의 차이를 비교하는 것이었다. 음악적 능력이 유전자에 의해 결정된다면 일란성 쌍둥이는 매우 유사한 점수를 얻어야 한다. 그러나 연구 결과는 반반이었다.[3]

　연구 방법의 발달로 이제는 음악적 능력과 특정 유전자의 관계를 연구하는 것이 가능해졌다. 핀란드에서 가족을 대상으로 이루어진 연구에서 시사하는 바에 따르면 우리의 음악적 지각은 단 한 개의 유전자가 아닌 여러 유전자에 의해 조절된다.[4,5] 음악과 관련된 지각 능력이 유전에 의해 차이를 나타내는 것은 분명해 보인다. 하지만 극단적인 경우, 다시 말해 지극히 능력이 뛰어나거나 지극히 능력이 떨어지는 경우는 드물다. 대부분의 사람들은 보통의 지각 능력을 보인다. 이러한 분포는 여러 기본적 유전자들과 환경적 요인 그리고 이들 사이의 상호 작용의 영향을 받는 복잡한 특성의 경우에 전형적으로 나타난다. 대뇌 피질이 음악과 같은 자극에 반응하고 이에 대응하여 대뇌 피질을 재조직하는 능력이 있다는 증거가 이러한 견해를 뒷받침한다. 최근 발견된 증거에 따르면, 오랜 기간에 걸쳐 음악 훈련을 받으면 어쩌면 뇌 구조뿐만 아니라 뇌의 기능도 변화시킬 수 있다.[6] 앞서 2장에서 살펴보았듯이, 우리가 자라난 환경은 우리가 어떻게 음악적으로 성장하는가에 주요한 영향을 미치며 뇌에 변화를 가져온다. 대체로 유전자와 환경의 상호 작용은 개인별 음악적 성과 차이에 대한 설득력 있는 설명을 제공한다. 다음 부분에서는 그 예들을 살펴본다.

절대 음감

절대 음감을 가진 사람들은 다른 음들과 비교하지 않고도 음을 알아차리거나 음을 낼 수 있다. 예들 들어, 어떤 기계가 내는 소음을 듣고, 작동 소리의 음높이를 마치 판별 가능한 하나의 음표처럼 파악할 수 있다. 절대 음감은 일반 대중 사이에서는 드물게 나타나며(0.01~1% 사이) 전문 음악인들 사이에도 흔하지 않다. 보통 4~8%의 음악인만 절대 음감을 가지고 있다. 처음에는 절대 음감을 가지고 있거나 가지고 있지 않은, 모 아니면 도의 문제라고 가정했다. 그러나 이제 우리는 그러한 가정이 가변적으로 적용된다는 사실을 알고 있다. 예컨대 어떤 사람들은 특정한 악기의 소리나 익숙한 소리 또는 특정한 음높이 범위 내에서만 음높이를 파악할 수 있다. 이것은 지속적인 경험의 결과 시간이 흐르면서 절대 음감의 지식이 점증적으로 습득됨을 시사한다. 다만 절대 음감이 특별한 노력 없이 빨리 습득되고, 유전되고, 자폐 아동에게서 발견되며, 동아시아 민족에게 더 흔하다는 점 등을 들어 유전적 기초를 가지고 있다는 주장도 지지를 얻고 있다.

우리는 하나의 생물 종으로서, 애초에 절대 음감을 다룰 수 있게 만들어져 있을 가능성이 있다. 예를 들어 대중가요를 불러 보라는 요청을 받을 때 우리는 보통 우리가 들었던 그 노래의 가장 흔한 버전의 음높이에 가깝게 노래를 한다. 보다 정교하게 분류된 절대 음감을 개발하기 위해서는 특정한 유전자 조합과 적당한 때의 적절한 환경이 필요하다. 어린 나이에 악기를 배우기 시작해야 한다거나, 변함 없는 고정된 음의 조합을 강조하는 교습을 받거나, 피아노 처럼 고정된 음높이를 가진 악기를 연주하는 것이 그 예이다.[7] 사람들에게 절대 음감을 훈련시키려는 시도도 이루어 졌다. 4~10세 사이의 아이들에게서는 이런 시도들이 대부분 개선 효과가 있었지만, 그보다 더 나이가 많은 아이들의 경우에는 어려움이 좀 더 많았던 것으로 밝혀졌다. 따라서 이러한 능력을 키울 수 있는 최적의 시기는 7세 이전인 것으로 보인다.[8]

음치(실失 음악증)

일부 사람들은 음높이의 차이를 구별하는 데 어려움을 경험한다. 이런 경우를 우리는 보통 음감이 없다고 말한다. 음치는 일반 대중의 4% 정도에서 발생한다고 추정되지만, 음정에 맞게 노래하는 데 어려움이 있기 때문에 스스로를 음치라고 여기는 사람은 약 17%나 된다. 이러한 사람들은 아마도 단순히 음악 작업을 접할 기회가 없었기 때문일 것이다. 안타깝게도 음정에 맞게 노래할 수 없다는 사실로 인해 사람들은 자신이 '음악적'이지 않다고 믿게 되고, 다른 사람들과 함께 모여 음악 활동하는 것을 필요 이상으로 피하게 되는 결과가 빚어지곤 한다. 그러나 음을 듣는 것과 소리를 내는 일이 언제나 불가분의 관계는 아니다. 예를 들어 음감이 떨어지는 어떤 사람들은 반음보다 작은 음높이 차이를 의식적으로 인식하지는 못하지만, 이러한 음높이 차이를 소리로 낼 수는 있다. 음감이 없는 사람들은 음높이를 구별하는 일에 어려움을 겪지만, 대체로 리듬의 변화는 찾아낸다.[7]

윌리엄스 증후군이 있는 음악적 서번트와 아동

음감이 없는 사람과는 대조적으로, 일반적 인지 기능은 평균 수준에 못 미치지만 높은 수준의 음악적 능력을 보이는 음악적 서번트savant가 있다. 이들의 많은 수가 절대 음감을 가지고 있다. 음악적 서번트는 화성과 관련된 음악 규칙과 음악 작품의 구조에도 민감하다. 자폐증이 있는 사람들은 패턴 인식 능력이 뛰어나며 그런 탐지 능력을 매우 보람되게 느낀다.[9] 이러한 능력에는 명확하고 근본적인 유전의 근거가 존재하지만, 환경의 영향도 무시할 수 없이 중요하다. 서번트는 그림 그리기, 달력에 표시된 날짜 계산, 수학, 음악 등 다양한 분야에서 능력을 개발할 수 있다. 개발되는 능력은 주변 환경에서 얻을 수 있는 자극에 따라 달라진다. 많은 음악적 서번트들은 시력 및 언어 장애를 갖고 있는데, 아마도 이 때문에 청각 처리 능력이 더욱 발달하는 것 같다. 따라서 음악이 관심의 중심이 되고, 규칙이 엄격히 지배하는 음악의 특성은 음악 활동 참여를 보람 있게 만드는 장치로 작용한다. 이는 다시 반복적인 참여를 이끌게 되어 시간이 지나면서 높은 수준의 음악적 전문 기술이 개발될 수 있다. 하지만 주변에 음악적 기회가 없다면, 이러한 능력은 개발되지 않을 것이다.[10]

윌리엄스 증후군Williams syndrome이 있는 아동도 측정된 지능 지수는 낮다. 그들은 수학 및 공간적 추론을 어려워하지만, 언어와 음악적 능력은 이를 개발시킬 적당한 기회만 있다면 생각하는 것보다 뛰어난 편이다. 대부분의 아동보다 풍부한 감수성으로 음악에 반응하며, 아주 어린 나이에 관심을 갖고, 더 많은 시간을 음악 듣기에 할애하고, 음악

에 매우 세심한 감정적 애착을 갖는다. 이는 이들이 음악 활동에 참여할 보다 큰 동기를 제공한다.[2]

음악 영재

음악 영재는 어린 시절부터 특출한 음악적 재능을 드러낸다. 역사 속에서 찾을 수 있는 인물로는 모차르트, 바흐, 베토벤, 멘델스존 등이 있다. 4만 7000명의 아동 중 한 명 정도가 영재로 판단된다.[10] 최근의 한 예는 여섯 살 된 남자아이로, 정규 음악 교습을 받은 적이 없다. 하지만 다른 사람을 모방하여 배운 후, 자신의 음악 작품을 즉흥 연주하고, 두 개 언어로 노래를 하고, 다양한 악기를 연주할 수 있었으며, 음악 능력 측정에서도 높은 점수를 받았다. 이 능력들은 전적으로 자기 동기 부여를 통해 습득한 것이다.[11] 또다른 음악 영재는 알마 도이처Alma Deutscher라는 여자아이로 두 살에 피아노를, 세 살에 바이올린 연주를 시작했다. 네 살에 작곡을 시작하고 같은 나이에 해적에 관한 자신의 첫 번째 오페라를 썼다. 수많은 음악회 연주를 하면서 자신이 작곡한 작품을 종종 연주하기도 했으며, 알마의 오페라 '신데렐라'는 전 세계 다양한 장소에서 연주되었다.

음악적으로 타고난 아이들은 음악의 구조, 조성, 조, 화성, 리듬, 표현상 특질에 대해 특히 민감한 경향이 있으며, 다른 아이들보다 훨씬 일찍부터 노래를 암기할 수 있다. 이러한 현상을 용이하게 하는 근본적인 유전적 구성이 무엇이든, 적합한 환경 조건이 갖추어져야 한다. 부모와 교사들이 잘 지원해 주어야 하고, 아이 자신은 이른바 '숙달하려는 강렬한 열망'으로 가득 차 있어야 한다.[12] 영재든, 서번트든, 윌리엄스 증후군이든, 매우 높은 수준의 음악적 기량을 개발할 수 있는 유전적 소인을 가진 아이들은 아이의 음악적 행동이 타인과의 상호 작용에 영향을 준다는 점에서 비슷한 면이 있다. 부모는 아이가 음악적 능력이 있다고 생각하면, 음악 활동 기회를 제공하고 아이가 이러한 활동을 하는 것에 대해 보상해 주는 경향이 있다. 이는 다시 음악적 활동을 독려한다. 이로 인해 음악 능력이 발달하고 결과적으로 신경 구조의 변화가 나타날 수 있다. 이는 훈련 후 추가적인 발달을 위한 발판이 되어 탁월한 음악가가 만들어질 수 있다.

유전된 능력이라는 관념에 대한 도전

음악적 능력에 대한 초기 연구에서는 음악 능력은 유전되며, 정해진 것이라고 가정하는 경향이 있었기 때문에 한 개인의 성취 가능성에 대해서도 한계를 정했다. 이후 이러한 생각은 전문성 패러다임에 의해 도전을 받게 되었다. 전문성 패러다임에서는 여러 다양한 분야에서 전문가의 수행을 특징짓는 것이 무엇인지, 그러한 전문 기술이 어떻게 습득되는지를 탐구하기 시작했다. 이러한 시도의 결과 다양한 분야에 걸쳐 많은 공통된 특징이 확인되었다.[13] 연구에 따르면 전문가들은 주로 자신의 전문 영역에서 탁월성을 보이며, 전문성이 고유의 영역에서 다른 영역으로 이전되는 경향은 거의 없었다. 예를 들어 수학 분야의 전문가라고 해서 언어에서도 전문가인 것은 아니다. 음악에서는 다른 장르의 음악 연주를 익히는 일도 시간 소모가 크고 어려운 일일 수 있다(7장 참조). 이러한 일이 일어나는 이유 중 하나는 전문 기술이 발달하면서 많은 기술들이 자동화되기 때문이다. 이것은 이러한 기술이 의식적인 사고 없이도 수행될 수 있기 때문에, 현재 상황에서 요구되는 것에 집중할 수 있게 뇌의 기능이 해방된다는 의미이다. 음악가의 경우, 연주하기, 악보 보기 또는 귀로 듣고 외워서 연주하기 등의 기술적 측면을 포함하여 연주의 많은 측면들이 자동화된다. 덕분에 그들은 현재 하고 있는 특정 연주에 집중할 수 있다. 새로운 음악을 익힐 때 음악가들은 음표를 개별 단위가 아니라 그룹으로 처리할 수 있으며 초보자보다 빨리 작업할 수 있다. 또한 음악을 기억하는 능력이 뛰어나며, 초보자보다 더 깊이 있게 처리한다. 아마도 가장 중요한 사실은 음악가들이 견고한 자기 점검 기술을 개발시키며, 자신의 장점과 단점을 잘 파악하고, 암기와 연주를 잘할 수 있는 자신만의 다양한 연습 전략을 보유하고 있다는 점일 것이다.[14] (더 자세한 내용은 7장 참조.)

자신이 전문 기술을 가지고 있는 분야에 대해 잠시 생각해 보자. 일에 대한 것일 수도 있고 혹은 요리, 자전거 타기, 컴퓨터 게임 하기 등의 취미에 대한 것일 수도 있다. 그 기술의 어떤 요소가 자동화되었고, 어떤 요소는 아직 의식적 통제를 필요로 하는지 파악할 수 있는가? 현재의 목표를 향한 진행 상황을 어느 정도까지 점검할 수 있는가? 자신의 강점과 약점, 여전히 개선하고 싶은 부분을 파악할 수 있는가?

전문성 패러다임은 높은 수준의 성취가 유전된 능력에 의해서만 좌우된다는 과거의 생각에 이의를 제기한다. 이들은 자동화와 높은 수준의 기술 개발로 이어지는 것은 다름 아니라 특정 활동을 하는 데 들인 시간이라고 주장한다. 음악 분야를 예로 들면, 서양의 클래식 음악가들은 16년 정도의 연습 시간이 축적되어야 국제 무대에서 악기를 연주할 정도의 수준에 도달할 수 있다는 것이 정설이다. 이러한 수준에 이르기 위해서는 아주 어린 나이에 시작하여, 이어지는 세월 동안 청소년이 될 때까지 일주일에 50시간 정도를 투자하며 연습량을 늘려야 한다. 높은 수준의 음악적 전문성을 성취하기 위해 우리가 많은 시간 동안 음악에 열중해야 하는 것은 분명하지만, 같은 수준을 달성하는 데 필요한 시간의 양은 각자 상당한 차이가 있다. 또한 악기에 따라서도 차이가 발생한다. 일반적으로 클래식 피아노와 현악기가 가장 많은 시간 투자를 필요로 한다. 클래식 분야에서 전문성을 개발하려는 사람들은 대중음악 분야의 사람들보다 숙달하는 데 더 많은 시간을 필요로 하는, 기술적으로 훨씬 큰 도전 과제에 직면하는 편이다. 또 다른 문제는 연습의 질에 관한 것과 혼자 하는 활동으로서 홀로 수행하는 것인지, 아니면 집단 리허설의 일부로 수행하는 것인지 여부이다. 장차 음악가가 되려는 사람들이 가진 연습 전략의 효과 정도, 배우고 집중하는 수준을 관리할 수 있는 정도를 보면, 나이를 불문하고 각양각색임을 알 수 있다. 어떤 사람들은 효과적이지 않은 전략을 택하고 비생산적인 활동에 시간을 낭비한다.[15] 음악 암기하기, 귀로 듣고 외워서 연주하기, 연습한 음악 연주하기, 악보를 처음 보자마자 연주하기 등, 다른 종류의 학습 결과를 위해서는 서로 다른 학습 전략이 필요함은 물론이다. 그러나 일반적으로 특정 활동에 소비한 시간의 길이가 길수록, 도달한 기술의 수준도 더 좋아진다. 가령 학습자가 귀로 듣고 외워서 연주하기와 즉흥 연주법을 배우는 데 시간을 투자하면 이에 매우 능숙해질 것이다. 악보 읽기를 익히는 데 집중하면 악보를 보고 바로 연주하는 데 능숙한 사람이 될 가능성이 높다. 음악적 기술은 다른 방법으로도 습득될 수 있다. 음악 듣기, 재미있는 음악 활동에 참가하기, 학습과 강화가 편안한 학습 환경에서 이루어지는 집단 활동에 참여하기 등이 그 예다.

앞서 확인했던 전문성의 영역으로 돌아가서, 시간이 흐르면서 여러분이 그 기술을 어떻게 습득했는지 생각해 보라. 시간을 얼마나 쏟았는가? 실력이 좋아지기 위해서 의도적인 노력을 기울였는가, 아니면 그 활동을 하는 것으로 인해 자연스럽게 이루어졌는가?

대략적으로 기술 발달은 세 가지 단계를 거친다고 말한다.[16] 인지-언어-운동 단계에서 학습은 주로 인지적, 의식적 통제 아래에서 이루어진다. 우리는 무엇이 요구되는지를 이해하고, 의식적인 자기 지시에 따라 요구 사항을 수행해야 한다. 교사가 있는 경우에는 교사가 우리의 행동을 유도할 수도 있다. 결합 단계에서 우리는 순서에 맞게 대응 방법을 결합하기 시작하는데, 이러한 대응은 시간이 흐르면서 능숙해진다. 우리는 또 실수했을 때 실수를 찾아내 없앨 수 있다. 소리를 만들어 내는 음악의 경우, 피드백은 실력 향상에 매우 중요하다. 자율화 단계에서는 기술이 자동화된다. 우리는 의식적 노력 없이도 기술을 수행할 수 있다. 시도할 때마다 기술은 계속해서 향상될 것이며, 더욱 능숙해지고 빨라질 것이다. 음악에서 우리는 많은 기술을 동시에 습득하는 경향이 있다. 이때 새로운 기술이 끊임없이 추가된다. 고급 기술의 숙달이 이루어지는 동안, 먼저 익힌 기술들은 이어지는 연습 과정을 거치며 더욱 자동화된다. 한 세트의 기술이 점차 자동화될 때, 다른 기술들은 결합 단계와 인지 단계에 있을 것이다. 여러분은 이러한 단계들을 파악할 수 있는가? 그리고 자신이 택한 전문성 영역의 단계와 어떻게 일치하는가?

전문성 패러다임은 뇌 가소성과 뇌가 평생에 걸쳐 어떻게 계속 변하는지를 증명한 신경 과학 연구에 의해 뒷받침된다. 우리가 오랜 기간 동안 여러 음악적 학습을 경험하면서, 뇌에는 영구적인 변화가 생긴다. 우리가 음악 활동을 오래 할수록, 신경 변화는 더욱 커진다. 변화는 수행하는 특정 음악 학습에 따라 다르게 나타난다. 예를 들어 드럼 연주자가 리듬 습득을 위해 복합적 기억을 필요로 한 것과 비교해 보면, 현악기 연주자가 음정을 처리할 때에는 뇌의 다른 부분이 반응한다. 이를 종합해 보면, 뇌는 우리 삶의 경험에 근거하여 변화를 거듭하며 반응함을 알 수 있다. 뇌는 우리 각 개인의 '학습 이력'을 반영한다.[17] 이런 방식으로 일단 음악 작업에 적극적으로 참여하면, 우리의 청각 지각은 향상되고 음악 능력 테스트 점수는 올라간다.[3]

음악적 능력에 대한 최근의 개념

앞서 살펴본 바와 같이 음악적 능력에 대한 초기의 개념들은 음높이, 리듬, 멜로디의 차이를 지각하는 능력에 초점을 두었다. 높은 수준의 음악 기술을 습득하는 데 지각 능력은 중요하지만, 그 자체만으로는 충분하지 않다. 때문에 음악적 능력의 본질을 이해하기 위해 다른 접근법이 등장하게 되었다. 어떤 접근법은 소리의 물리적 측면과 감정적 측면에 대한 민감성에 초점을 두었고,[18] 또 다른 접근법은 오디에이트audiate(마음속으로 소리를 이해하는) 능력에 초점을 두었다.[19] 나와 내 동료는 일반 대중, 젊은이들, 다양한 전문가들이 음악적 능력이 무엇이라고 생각하는지를 분석하기로 했다.[20] '음악적 능력이란…'이라는 문장을 완성하도록 요청했을 때, 대부분의 응답자들은 악기를 연주하거나 노래할 수 있는 것이라고 표현했다. 여러분도 이런 식으로 문장을 완성했는가? 다른 응답자들은 대부분의 우리들이 매일 하고 있는 활동인 음악 듣기, 이해하기, 감상하기, 음악에 반응하기를 포함한 다양한 능력들을 언급했다. 후속 연구에서, 나는 초기 연구를 기반으로 일련의 문장들을 만들고, 응답자들에게 각 문장에 대해 동의하는 정도를 표시하라고 요청했다.[21] 약 600명이 질문지를 완성했다. 음악적 능력은 다양한 방법으로 개념화되었다. 그림 6.1은 각 영역의 평균적인 응답을 정리해 놓은 것이다. 종합적으로 리듬이 가장 높은 점수를 받았는데, 이것은 현재 많은 대중음

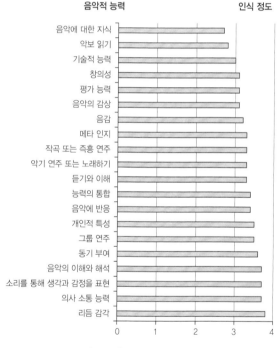

그림 6.1 음악적 능력에 대한 인식

악에서 리듬이 핵심적 역할을 하고 있음을 반증하는 것이다. 역사적으로 음악적 능력과 관련해 음감이 가지고 있던 두드러진 위상을 고려하면, 음감은 기대했던 것보다 응답에서 낮은 순위를 기록했다. 동기 부여와 개인적 헌신도 높은 점수를 받았는데, 높은 수준의 기술을 개발함에 있어이 두 가지가 중요하다는 인식을 반영하는 것이다. 응답에 참여한 전문 음악인들은 음악적 능력이 소통 능력, 그룹 안에서 연주할 수 있는 능력, 감정적 세심함과 관련이 있다는 것에 강한 동의를 표했다. 이는 이러한 기술들이 높은 수준의 전문 기술을 수행함에 있어 중추적임을 시사하는 것이다. 연구 내용을 종합해 보면, 이 연구에서 도출된 음악적 능력의 개념은 복잡하고 다면적이었으며, 21세기 음악 관련 직업에서 발견되는 다양한 전문 기술을 반영했다.

또 다른 접근법은 음악적 전문 기술의 다면적인 성질을 고려하여, 음악적 소양을 평가했다.[22] 수천 명을 대상으로 한 온라인 설문 조사에서 다음과 같은 다섯 개의 하위 영역을 확인했다.

- **적극적인 음악 활동 참여**: 음악에 들이는 시간과 금전적 자원의 양
- **자가 보고된 지각 능력**: 음악 듣기 기술의 정확성
- **음악 교육**: 이수한 정규 음악 교육의 양
- **자가 보고된 노래 부르기 능력**: 노래 부르기의 정확성
- **음악에 대한 감정적 섬세함**: 음악이 표현하는 감정에 대해 이야기할 수 있는 능력

하위 범주 사이의 관계에 대한 연구 결과를 분석해 보면, 적극적인 음악 듣기와 의도적인 청각 처리 과정이 정규 음악 교육이 부재한 경우 일부 음악적 능력의 훈련 수단이 될 수 있음을 알 수 있다. 이 점은 2장에서 논의한 바 있다.[2] 젊은 참여자들은 음악적으로 세련된 행동 면에서 높은 수준을 보였다. 이것은 아마도 나이 많은 참여자들과 비교해서 평생 동안 음악에 접할 수 있는 기회가 늘었기 때문일 것이다. 음악적 세련됨은 음악에 참여할 시간과 열의가 더 많은 어린 시절에 발달한 것으로 보인다.

지난 백 년 동안 과학 기술에 나타난 대대적 변화로 인해 음악 관련 직업과 이런 직업을 갖기 위해 요구되는 능

력의 성격에도 변화가 생겼다. 연주하기, 지휘하기, 즉흥 연주하기, 작곡하기, 교습하기 등의 어떤 음악 관련 직업들은 요구되는 전문적 음악 기술이 쉽게 파악되지만, 요구되는 음악 기술이 덜 명확해 보이는 다른 직업들이 있다. 예를 들어 악기 제작 및 보수, 음악 치료, 예술 경영, 음향 제작, 음악 출판, 도서관, 방송국 및 언론 기관의 일자리 등이다.[23] 인터넷도 어느 수준의 전문 기술을 가진 음악인인지 불문하고 자신만의 음악을 제작하고 창작하고 널리 출판할 수 있는 방법을 변화시켰다. 음악인들은 음악을 업으로 삼기 위해서는 음악적 기술뿐만 아니라 다른 많은 기술도 습득해야 한다. 표 6.1은 음악인이 개발할 필요가 있는 다양한 기술들을 정리한 것이다. 어떤 기술들은 모든 음악 활동에 적용되고, 다른 것들은 특정 작업에만 선택적으로 적용된다. 한편 일부는 사회적 기술(다른 음악인, 프로모터, 일반 대중과 함께 일할 수 있는 능력), 기획 및 조직 기술(연습 일정표, 프로그램, 여행 준비 계획), 시간 관리 기술(시간 엄수, 마감 시한 엄수) 등을 비롯한 비 음악적 활동과 관련이 있다. 이러한 기술들은 다양한 직업에서 전문 기술을 개발하기 위해 분명히 요구되는 것들이며, 반드시 필요하지만 전적으로 '음악적'인 것은 아니다.[24] 표 6.1에 정리된 기술과 관련해서 여러분은 어느 정도의 전문 기술을 가지고 있다고 생각하는가? 그리고 자신에게는 어느 것이 가장 중요한가?

표 6.1 악기 연주를 배우면서 습득 및 발달 가능한 기술

청각 능력	리듬의 정확성과 리듬감
	정확한 음조
	연주하지 않고도 어떤 음악일지 아는 재능
	악보 없이 귀로 듣고 외워서 연주하기
	즉흥 연주 기술
인지 능력	악보 읽기
	조 옮김
	조성의 이해
	화성의 이해
	음악 구조의 이해
	음악의 암기
	작곡
	상이한 음악 스타일과 문화 및 역사적 배경의 이해
기술적 능력	악기 별로 특화된 기술
	기술적 민첩성
	또렷한 음 내기
	표현이 풍부한 음색
음악적 기교 및 감수성	표현이 풍부한 연주
	소리의 명확한 전달
	제어력
	음악적 의미의 전달

퍼포먼스 기술	관객과의 소통
	다른 연주자와의 소통
	그룹을 조직할 수 있는 능력
	관객 앞에서의 공연 능력
창의적 능력	해석
	즉흥 연주
	작곡
판단 능력	이해하며 듣기
	음악에 대해 설명하고 논할 수 있는 능력
	여러 유형의 음악과 연주를 비교
	개인의 연주, 즉흥 연주, 작곡을 비판적으로 평가
	진행 상황의 점검
자기 통제 능력	학습 과정의 관리
	연습 관리
	집중력 강화
	동기 부여 강화

음악적 능력은 개발 가능하다

생물학적 종으로서 인류는 다양한 음악적 기술을 습득할 수 있도록 미리 프로그램되어 있다는 일반적 합의가 있다. 그럼에도 불구하고, 유전적 요인이 개인의 음악적 발전을 뒷받침하거나 제한하는 정도에 대해서는 아직 공통된 의견을 이끌어 내지 못했다. 음악 적성 검사가 개인이 현재 지닌 청각 능력을 평가할 수 있을지는 모르지만, 음악 활동에서 성공적이기 위해서는 매우 다양한 능력이 필요하다. 청각 능력은 중요하지만, 음악적 잠재력을 정확히 평가하기 위한 기초를 제공해 주지는 않는다. 우리가 음악적 능력을 최대한으로 개발하고, 평생에 걸쳐 계속적으로 음악을 하게 만드는 데는 음악에 대한 관심과 그러한 관심을 추구할 수 있는 기회가 핵심이다.

07
전문적 음악 기량 개발

생물의 하나인 인류는 수천 년 동안 음악 활동을 해 왔다. 그 옛날에 악기를 연주하고 함께 연주하는 법을 어떻게 배웠는지는 알 수 없지만, 우리가 분명히 알고 있는 것은 기원전 5세기와 6세기 사이 아테네에 최초의 음악 학교가 세워져 13~16세의 아이들이 악기 연주와 노래 부르기를 배웠다는 사실이다. 이후로 음악적 기량을 개발할 수 있는 가장 일반적인 접근법은, 적어도 서양에서는 전문가 선생님과 함께 개인적 또는 소규모 그룹 레슨을 하는 것이었다. 더욱 최근에는, 과학 기술 발전으로 인해 비공식적으로 음악 작업을 접하고 배울 수 있는 매우 다양한 기회가 마련되었다.

음악과 관련된 직업은 매우 다양하다. 음악가들은 많은 음악적 문화 환경, 매우 다채로운 장르 속에서 다양한 조합을 이루어 일한다. 연습한 음악을 연주하거나, 즉흥 연주하거나, 작곡하거나, 편곡할 수도 있다. 음악의 기술적 제작에 도움을 주거나, 음악에 대해 글을 쓰고, 분석하고, 비평하는 일도 가능하다. 지역 사회에서 음악 작업을 가르치거나 도와줄 수도 있다. 편집, 기보, 그래픽에 기반한 작곡, CD/DVD 제작, 비디오/팟 캐스트 제공, 교습 및 학습, 상호적인 음악 네트워크 커뮤니티를 지원하는 소프트웨어 사용으로 음악가들이 직종을 다양화할 수 있는 기회가 마련되었다.[1] 많은 음악가들은 이제 생계 수단으로 여러 다른 종류의 음악 활동에 참여하는 이른바 포트폴리오 경력을 가지게 되었다.

역사적으로 높은 수준의 음악적 기량을 얻을 수 있는 기회는 교습비를 지불할 여유가 있거나, 브라스 밴드, 민속 문화 단체, 개러지 밴드(차고 등의 장소를 활용하여 작업)와 같은 비공식적인 지역 사회 실천 공동체를 통해 배우는 사람들에게만 주어졌다. 사회가 경제적으로 더욱 풍요로워지자 서양에서는 사는 동안 악기 연주를 배울 수 있는 기회가 크게 증가했으며, 다양한 아마추어 음악 활동에 참여할 수 있는 기회도 아울러 증가했다. 이러한 증가와 더불어, 적극적으로 음악 작업에 참여하는 사람들의 목표와 포부도 다양해졌다. 음악을 배우면서 어떤 사람들은 전문 음악가가 되기를 꿈꾸는가 하면, 다른 많은 사람들은 그저 아마추어와 취미 생활자의 위치에 만족한다(4장 참조). 어느 경우이든 음악을 익히는 모든 세대의 사람들은 음악 작업 과정을 즐기면서도 음악적 능력을 기르고 성취하기를 바란다. 이러한 목표가 서로 배타적인 것은 아니다. 음악 활동을 도와주는 사람들도 도전과 즐거움을 제공하는 환경을 조성해 줄 수 있다. 다만 레퍼토리, 악보 읽기 아니면 즉흥 연주 중에 무엇을 강조하는가 등의 내용 면에서는 차이가 있을 수 있다. 우리의 포부가 무엇이든지 개발해야 할 가장 중요한 기술은 우리가 나중에 전문가의 조력 없이도 배움을 이어 갈 수 있도록, 궁극적으로 우리를 독립적이고 자율적인 음악 학습자로 만들어 주는 것들이다. 우리가 독립적인 학습자가 되려면 스스로에 대해 생각해 보아야 한다. 다시 말해 기존의 관행에 대해 의문을 제기할 수 있다는 의미다. 물론 우리를 가르치고 있는 사람들에게는 불편할 일이겠지만.

전문성 패러다임

6장에서 살펴보았듯이, 전문성 패러다임은 높은 수준의 성취가 물려받은 능력에 좌우된다는 생각에 이의를 제기한다. 이 패러다임의 전제는 획득하게 될 전문 기술 수준을 가장 잘 예측할 수 있게 해 주는 변수가 이른바 '의도적인' 연습에 들이는 시간의 양이라는 것이다.[2] 신경 과학 분야에서 얻은 연구 결과들이 이를 뒷받침한다. 음악 학습에 들이는 시간이 길수록 신경의 변화도 증가한다. 이런 변화는 수행한 특정 음악 학습에 따라 서로 다르게 나타난다. 이점은 다른 장르의 음악 연주법을 배우려는 사람들에게서 확인할 수 있다. 한 예로 매우 노련한 전문 클래식 음악가인 서드노우Sudnow[3]는 재즈 즉흥 연주를 위한 전문 기술을 습득하는 일이 얼마나 지루하고, 노력을 요하며, 좌절감을 주고, 시간 소모적인 작업인지에 대해 기록했다.

우리의 전문성이 커지면 패턴을 파악할 수 있게 된다. 악보를 읽을 때 숙련된 사람은 각 음표를 응시하기보다는 라인과 악구 전체를 빠르게 미리 한번 살펴본 후 현재 연주 지점으로 돌아오는 방식으로 읽는다. 이들은 인쇄한 페이지를 치운 후에도 대여섯 개 음표 정도는 계속해서 읽을 수 있다. 반면 아직 악보 읽는 것이 미숙한 사람들은 기껏해야 서너 개만 간신히 추정할 수 있을 뿐이다. 우리는 전문가가 될수록 문제를 더 빨리 발견하고 해결할 수 있다. 또 현재 활동을 용이하게 하기 위해 장기 기억 속에 저장되어 있는 지식을 끌어다 쓰는 일을 더 잘할 수 있다. 전문 기술과 관련해 자동화 수준이 발달되면, 작동 기억이 다른 작업을 위해 사용될 수 있도록 여유가 생긴다. 전문 음악인들은 메타 인지(자신의 학습 과정 자체를 인식하고 이해하는 능력)와 자기 점검 기술이 잘 발달되어 있다. 따라서 자신들이 언제 실수하는지 쉽게 파악하고 문제 해결을 위한 새로운 전략을 만들어, 계속해서 자신의 진행 상황을 관찰하고 검토할 수 있다.[4] 그러나 우리가 특정 분야의 전문가가 되면서 얻은 자동화 수준의 증가가 언제나 이로운 것은 아니다. 우리는 지나친 자신감으로 자신의 문제 이해 능력을 과대평가하게 될 수 있다. 또한 창조적인 분야에서도 사고의 유연성이 떨어질 수도 있다. 높은 수준으로 자동화가 이루어지면 우리가 실제로 무엇을 어떻게 하는지에 대해 자세하게 기억해 내는 일이 힘들어질 수 있다. 이로 인해 아직 이런 기술을 습득하지 못한 다른 사람들에게 설명을 해 줄 때 어려움을 겪을 가능성이 존재한다. 6장에서 확인했던 기술을 다시 생각해 보자. 다른 사람에게 어떻게 기술을 구사하는지 설명해 주려고 한 적이 있는가? 어떻게 하는지 설명하는 것이 어렵지는 않았는가?

어느 분야든지 전문 기술을 개발하면서 우리는 학습의 계획, 점검, 평가와 관련된 실행 전략과 메타 인지 전략을 얻는다. 이러한 전략은 복잡한 학습을 요하는 모든 분야에서 핵심 요소가 된다. 음악에서는 그러한 전략이 특정 작업의 수준에서 고려될 수도 있고, 보다 국제적인 무대에서 일하는 것과 관련해 음악가가 자신의 연주 수준을 유지하거나 향상시키기 위해 고려될 수도 있다. 양쪽의 경우 모두, 개인의 강점과 약점에 대한 지식, 완수할 작업의 본질, 가능한 전략, 학습 결과의 특성 등이 중요하다. 일반적으로 우리는 초심자에서 시작해 높은 수준의 전문 기술을 획득하는 발달 과정을 거치면서 메타 인지 기술을 개발하게 된다. 우리의 메타 인지와 자기 통제 기술이 발달할수록, 학습을 최적화할 수 있게 환경과 동기 부여를 관리하는 능력이 더 발달하게 된다. 자신이 선택한 기술을 고려해 볼 때, 자신의 환경을 어느 정도까지 관리할 수 있다고 생각하는가?

음악 연습

어느 분야든 심지어 보통 수준의 전문 기술을 얻고자 할 때도 연습이 필요하다. 하물며 매우 전문적인 음악가가 되기 위해서는 분야를 막론하고 연습은 필수이다. 자신이 선택한 전문 기술에 보통 얼마의 시간을 투자하는지 생각해보자. 연습에 특별히 시간을 투자하는가, 아니면 활동을 수행하는 경험이 쌓여 기술을 얻게 되었는가?

음악에서는 오랜 기간 동안 가장 많은 연습을 한 사람들이 또래보다 높은 수준의 전문 기술을 획득하는 경향이 있다. 전문 음악가로 국제 무대 경력을 쌓은 사람들은 아주 어린 나이에 배우기 시작하여 어릴 때부터 많은 연습 시간을 축적한다(6장 참조). 오랜 기간 축적된 연습량이 앞으로 획득하게 될 전문 기술의 수준을 예측하게 해 주는 것은 사실이다. 하지만 특정 음악 작품을 연습하는 데 들인 시간이 연주의 성공을 보장하는 예측 인자인 것은 아니다. 이러한 차이가 생기는 원인 중 하나는 수행하는 연습의 질이다. 연습이 보다 효과적이면 특정 작업을 완수하는 데 필요한 시간도 적어진다. 이 문제는 최근 들어 특히 중요해졌다. 장시간의 신체적 연습이 음악가들에게 만성적인 건강 문제를 야기할 수 있다는 사실이 점점 확실시되고 있기 때문이다. 이미지 트레이닝(악기를 직접 만지지 않고 머릿속으로 연습하는 것)으로 신체 연습에 들이는 시간을 줄일 수는 있지만, 신체적 연습을 완전히 없앨 수는 없다. 따라서 몸을 움직여 악기를 연주하는 시간을 줄이기 위해서는 반드시 효과적인 연습 전략을 개발해야만 한다.

연습이 효과적이고 의도한 대로 이루어지려면, 개선이라는 목적 아래 수행되어야 한다.[2] 전문 음악가들은 시간이 흐르면서 효과적인 전략을 개발해 나간다. 그들은 새로운 곡을 익힐 때, 곡의 전반적인 구조를 확인하고 어떤 소리가 전개될지를 파악한다. 그 뒤 어려운 구간을 확인하고 집중적으로 그 부분을 위한 기술을 익힌 다음 점진적으로 구간들을 연결해 작품 전체를 숙달한다. 각 구간은 곡의 형식적 구조, 기술적 복잡성, 음악적 과제와 관련해 유의미한 단위를 근거로 한다. 난이도 있는 짧은 구간을 심화 연습하는 것은 공연 시점까지도 계속될 수 있다. 전문 음악가들은 다양하고 상세한 연습 전략을 이용하여 기술적 문제들을 해결하며, 그중 대부분은 특정 악기들과 관련이 있다. 일반적인 전략 하나는 어떤 구간의 복잡성을 이해하기 위해 천천히 연주하다가 점진적으로 속도를 높이는 것이다.[5]

초심자의 연습은 대개 아주 효과적이지는 않다. 이들은 자신이 배우고 있는 곡에 대한 청각적 구상이 없는 경우가 많다. 그래서 자신이 언제 실수하는지 파악하지 못한다. 어려운 구간에 집중하기보다는 곡을 차례대로 연습하거나, 실수했을 때 멈추고 다시 처음으로 돌아간다. 이렇게 하면 곡의 뒷부분은 아예 연습하지 못할 수도 있기 때문에 비생산적이다. 자신이 실수했음을 알게 되면 틀린 그 하나의 음만을 교정하거나, 단순히 짧은 구간, 아마도 반 소절만을 교정하고 연습을 이어 가는 경향이 있다. 초심자는 처음 리듬보다는 음높이에 더 집중하는 편이다. 그러다가 이들의 전문 기술이 향상되면 어려운 구간을 파악할 수 있게 된다. 그리고 숙달을 위한 다양한 전략을 구사해 어려운 부분에 집중하는 것이 가능해진다. 이들은 전문가들과 마찬가지로 음악을 해석하는 데 더욱 집중하는 모습을 보인다.[6]

실력 향상을 위해, 음악가들은 자신이 낸 소리에서 청각적 피드백을 받는다. 그들은 연습과 연주 중 자신의 진척 상황을 끊임없이 평가한다. 자신이 성취하고자 하는 목표가 무엇인지 파악하고 이 목표에 비추어 진행 상황을 점검한다. 이와는 대조적으로, 초보자들은 자신이 무엇을 목표로 하고 있는지 분명한 생각이 없는 경우가 많다. 학습 초기 단계에 이들은 특히 교사가 제공하는 피드백에 의존하는 경우가 대부분이다. 하지만 이제는 녹음된 음악을 손쉽게 구할 수 있고 스스로 녹음도 가능하기 때문에 관객의 시각을 고려하는 동시에 자신의 발전 상황을 보다 쉽게 점검하는 일이 가능해졌다.

서양의 클래식 음악가들의 경우, 음악적 전문 기술이 발전되면서 연습에 들이는 시간이 더욱 증가하는 경향이 있다. 레퍼토리가 더 길어지고 더 어려워지기 때문이다. 그러나 일단 전문가의 위치에 도달하면, 다른 사람들과의 연습과 공연에 더 많은 시간을 할애하며 개인 연습은 줄어든다. 연습에 투자하는 시간의 양은 악기와 장르에 따라 다양하다. 클래식 피아니스트와 현악기 연주자가 가장 많이 연습하는 경향이 있으며, 이에 비해 성악인들의 정규 레슨은 더 늦게 시작되는 편이다. 이것은 악기에 따라 기술 면에서 그리고 레퍼토리 면에서 요구하는 바가 다르기 때문이기도 하다. 대중음악은 기술적으로 덜 까다로운 경향이 있기 때문에 요구되는 연습 시간이 더 적을 가능성이 있다. 또한 대중음악은 상대적으로 짧고 반복되는 경향이 있다.

연습이 항상 즐거운 것만은 아니다. 심지어 전문 음악가들도, 연습의 필요성을 인정하면서도 연습 과정을 즐기지 않을 수 있다. 예를 들면 국제적으로 인정받는 바이올린 연주자 나이젤 케네디Nigel Kennedy는 한 인터뷰에서, 기술 유지를 위한 기계적 연습 시에는 TV 퀴즈 쇼를 시청한다고 말한 적이 있다. 이런 종류의 연습은 강한 집중력을 요하지 않기 때문이라는 것이다. 초심자들은 연습을 지루하고 하기 싫은 일이라고 종종 표현하며, 악기를 손보는 데 시간을 보내거나, 악보를 찾고 악보대 높이를 조정하는 등 회피 행동으로 빠지는 경우도 많다. 이들은 산만해지기 쉽다. 효과적으로 연습하는 사람들은 연습을 지속하는 반면, 어쩌다 연습을 하는 사람들은 빠르게 포기하는 경향이 있다.

창의적인 기술 개발

재즈나 바로크 음악처럼 이미 확립된 장르 내에서 즉흥적으로 하는 음악 작업을 학습할 때에도 연습은 필요하다. 즉흥 연주를 배울 때 음악가들은 처음에는 음반을 모방하거나 자신의 아이디어로 개발한 작은 단편들을 암기하는 방식을 따를 것이다. 그러다가 서서히 암기를 이용하여 자신만의 스타일을 개발할 수 있고, 보다 자유롭게 즉흥 연주나 작곡을 할 수 있게 될 것이다. 작곡을 배울 때에는 즉흥으로 작곡하는 것에서 시작할 수도 있다. 다만 항상 그런 것은 아니다.

작곡은 보통 가장 높은 수준의 창의성을 요한다고 여겨진다. 즉흥적 연주 등과 비교해 영구적인 작업이기 때문이기도 할 것이다. 작곡 과정은 아이나, 젊은이나, 전문 작곡가나 비슷하다. 작곡이라는 창작 과정이 정확히 어떠한 특성을 지니고 있는지에 대해서는 의견이 불일치하겠지만, 높은 수준의 기술을 개발하는 데 필요한 방대한 훈련 기간과 각각의 창작 활동을 위해 투자해야 하는 시간 측면에서 볼 때 작곡이 시간 소모적이라는 점은 누구나 인정한다. 작곡 과정은 일반적으로 준비(관련 정보의 수집, 초기 문제의 평가), 심사숙고(문제에 대한 숙고의 시간, 그것과 연관된 재미있는 활동), 깨달음(통찰력 생성, 해법 유도), 검증(해결책을 형식화하고 조정하며, 이때 준비 단계나 심사숙고 단계로 되돌아갈 수도 있음) 등의 단계를 포함한다. 외부적으로 주어진 제약, 전문 작곡가의 권한, 교습자가 학습자에게 주는 지시 사항이 하나의 틀을 제공한다. 그러한 틀은 도움이 될 뿐만 아니라 필수적이지만, 지나친 지시 체계는 창의성을 제한할 수 있다.

외워서 연주하기

전문 클래식 음악가들은 종종 긴 작품을 외워서 연주해야 한다. 이것은 많은 음악가들을 불안하게 만든다. 대개 기술적으로 곡을 완전히 숙달할 때가 되면, 음악가들은 청각적(소리를 앎), 운동 감각적(움직임), 시각적 기억(음표가 악보 어디에 있는지 기억하는 것)을 통해 대부분을 기억할 수 있다. 시각적 기억과 관련한 일화가 있다. 부분적으로 시각 기억에 의존해 연주하는 어떤 피아니스트가 연주회에서 중간에 피아노 연주를 중단하더니 제일 앞줄에 앉아 있던 관객에게 악보를 따라가며 보지 말아 달라고 요청했다. 자신이 익힌 버전의 악보와 페이지 구성이 달라 연주에 방해가 된다는 이유였다. 이러한 자동화된 청각, 운동 감각, 시각적 기억은 확실하지 않으며 연주 중에 생각나지 않을 수도 있다. 특히 연주자가 그다음이 무엇인지 생각하려고 할수록 더욱 그렇다. 기억의 처리는 의식적으로 제어할 수 없기 때문이다. 확실한 기억을 위해선, 음악가는 해당 작품의 구조에 대한 스키마를 가지고 있어야 한다. 이러한 스키마가 없으면 어떤 유형의 음악, 예를 들어 주요 테마가 반복되는 론도의 경우, 각 하위 주제의 순서와 출구 지점에 대한 의식적 지식이 없으면 음악가는 음악을 지겹도록 반복할 위험이 있다. 이러한 위험을 고려하면, 왜 음악가들이 악보 없이 연주를 할까라는 의문을 가질 것이다. 그것은 전통 때문이기도 하고 관객과의 소통 때문이기도 하다. 음악에서 기억의 문제는 비단 클래식 음악가에만 국한된 것이 아니다. 대중음악 가수들도 가사를 생각해 내는데 애를 먹는 경우가 종종 있다. 바브라 스트라이젠드Barbra Streisand는 1967년 뉴욕 센트럴 파크에서 열린 음악회에서 노래 가사를 잊어버렸다. 그 때문에 그녀는 거의 30년 동안 대중 앞에서 연주하는 것을 피했다. 유튜브You Tube에서도 비슷하게 가사를 기억하지 못해 실수한 예를 많이 볼 수 있다. 엘비스 프레슬리Elvis Presley, 마일리 사이러스Miley Cyrus, 아델Adele, 비욘세Beyonce, 머라이어 캐리Mariah Carey도 예외는 아니었다.

동기 부여와 기회

동기 부여는 음악적 전문 기술이 개발되는 정도에 중추적인 역할을 한다. 전문 기술 개발에는 높은 수준의 헌신이 요구되기 때문이다. 어린아이들이 음악 활동을 할 때, 아이의 관심과 잠재력을 간파하고 지지해 주는 가족의 역할이 중요하다. 하지만 음악 활동이 모두에 의해 공유되고 문화적 의식과 일상생활의 중심인 일부 세계에서는, 이러한 활동을 함께하고 음악에 특별한 관심을 보일 아이들을 파악하고자 하는 특정한 관습이 존재하지 않는다.[7] 그런가 하면 예외도 있다. 예를 들어 파푸아뉴기니 농업 문화 지역의 카우룽Kaulong 부족은 특별 관리가 필요한 아이들을 여럿 파악하여 이들에게 높은 기대를 갖는다. 한편 세네갈의 월로프Wolof 부족은 특별한 재능을 타고난 남자아이들을 발굴한다. 그러면 이 아이들은 남자 친척의 보호 아래 공공 축제에 참가할 정도로 충분히 기술을 익힐 때까지 훈련을 받는다.

서양 문화에서 아이와 가족은 대체로 아이가 악기 연주를 배울 것인지, 하게 되면 언제 시작할 것인지, 그리고 어떤 악기를 배울 것인지 결정한다. 악기 선택에 영향을 주는 요인들은 복잡하며 이용 가능성, 성별, 부모의 의견, 학교나 제공자의 영향, 친구, 관심, 열정 등이 있다. 악기 선택에는 성에 대한 편견이 있다. 여자아이들은 작고, 높은음을 내는 악기를 선호하고, 남자아이들은 더 크고, 낮은음의 악기를 선호하는 경향이 있다. 다만 여자아이들의 경우 남성적으로 인식되는 악기를 선택하는 것이 덜 금기시된다. 성별의 차이는 대중음악에서도 찾아볼 수 있다. 가수는 여성이 더 많고 연주자는 남성이 더 많다. 대체로 전자 악기와 과학 기술에 의존하는 악기 연주는 남자들이 지배적이다. 여러분이 악기를 연주할 줄 안다면, 그 악기를 어떻게 선택했는지 한번 생각해 보자. 무엇이 결정에 영향을 주었나? 그 선택으로 인해 다른 사람들이 여러분을 어떻게 여기는가에 영향을 주었는가?

아이들마다 음악을 하는 동기는 서로 다르다. 이러한 차이가 발생하는 데는 다양한 이유가 있다. 일부는 아이 자신과 관련이 있으며, 특히 아이가 음악을 좋아하는 정도와 정체성 발달과 관련해 자기 자신을 음악가로 인식하는 정도를 들 수 있다. 음악은 일부 젊은이들의 경우 사회생활의 일환이다. 이들은 관심사를 공유하는 사람과 교우 관계를 맺으며 연주하기를 즐긴다. 음악이 주는 도전을 즐기고, 효과적인 연습 전략을 개발하고 자신의 음악적 능력에 대해 긍정적인 자기 확신을 가진다.[8] 일반적으로 이들에게는 실제적인 지원과 필요한 재원을 공급해 주는 가족이 있다. 대부분은 일생 동안 아마추어로 지속적인 음악 활동을 하지만, 일부는 전문 음악가가 되기 위해 정진한다. 세계적으로 인정받는 연주자가 되기 위해 정진하는 사람들은 아주 어린 시절에 음악을 시작하고 부모가 매우 헌신적인 경향이 있다. 이러한 부모는 아이의 음악적 발달을 지원하기 위해 가끔은 다른 자녀들을 희생하면서까지, 할 수 있는 모든 것을 해 주고 아주 높은 기대를 건다. 부모는 최고의 선생님을 찾아 자신의 아이가 가능한 모든 기회에서 혜택을 얻을 수 있게 만전을 기한다. 아이들 스스로도 수많은 연습 시간을 감당하며, 음악이 이들의 삶의 중심이 된다.

교사가 학습자를 위해 대신 배울 수는 없다. 교사는 학습을 지원하는 역할이 전부다. 따라서 교사가 할 수 있는 가장 큰 역할은 학생에게 음악에 대한 사랑을 일깨우고 영감을 주는 것이다. 초기 단계에서는 배움이 즐겁다고 생각될 수 있도록 교사가 덜 비판적일 필요가 있다. 이후에 학습자가 음악에 전념하게 되면 교사가 자신의 롤 모델이 되는 동시에 자신의 실력 향상을 위해 비판적 피드백을 지속적으로 제공해 주기를 바라게 된다. 교사와 학생의 관계는 학생이 계속해서 악기를 연주하는 동기가 교사에 의해 결정될 정도로 매우 중요하다. 학생과 교사가 비슷한 목표를 가지면 동기는 더 커진다. 특히 중요한 것은 배우게 되는 레퍼토리, 배움의 초점이 음악적 성과, 기술(스케일, 연습), 시험 중 어디에 맞춰져 있는지, 아니면 합주 참여를 독려하여 우정을 키우도록 하는지 여부 등이다. 교사가 부모의 참여를 유도하고 협업하는 것도 성공에 중요하다.[9] 음악 활동과 더불어 태도와 감정도 함께 배우기 때문에 교습은 긍정적이거나 부정적인 영향을 미친다. 예를 들어, 학습자는 교습을 통해 음악 수업이란 재미가 없는 것이며 자신은 음악에 소질이 없다는 메시지를 받을 수도 있다.

과학 기술의 발전으로 이제는 정규 수업 없이도 악기 연주를 배우기가 훨씬 쉬워졌다. 학습자는 녹음, 소셜 미디어 등을 연습 모델로 이용할 수도 있고, 자력 학습을 돕는 교습자의 안내를 받는 등의 방법을 통해 독학으로 배울 수 있다. 광범위한 음악 경험의 일환으로 악기 교습이 이루어지는 민속 문화 단체 같은 지역 사회 실천 공동체에 가입할 수도 있다. 시행착오를 거치고, 반복하고, 때로는 관찰하고, 다른 연주자의 조언을 듣고, 읽고 듣기 등을 하면서 비정규적인 학습을 할 수도 있다. 최근에는 인터넷이나 기타 쌍방향 과학 기술을 통해 다양한 소프트웨어를 이용하여 악기를 배울 기회도 많아졌다.

악기를 배우기 시작한 모든 사람이 배움을 지속하지는 않는다. 여기에는 많은 이유가 있다. 음악과 관련 없는 활동을 더 좋아할 수도 있고, 발전을 위해 들여야 할 시간 투자가 너무 크다고 생각할 수도 있다. 연습이 싫을 수도 있고, 자신의 음악적 잠재력에 대해 확신이 없을 때도 있다. 음악적 정체성이나 음악적 사회생활이 부족한 경우도 있다. 아니면 연주 자체를 싫어하거나, 동료 집단에게서 부정적 압력을 경험했을 수도 있다. 이도 아니면 부모가 활동을 지원해 주지 않거나, 재정적 여유가 부족할지도 모른다. 종합하면 다양하고 복잡한 요인들이 상호 작용하며 악기 연주를 시작하고 계속할 동기에 영향을 준다.[10] 악기 연주를 포기했던 것을 후회하며 나중에 다시 시작하는 사람들도 많다.

여러분이 선택한 전문 기술에 대한 흥미를 유지하도록 하는 데 무엇이 중요했는가? 다른 활동을 시도해 본 후에 계속하지 않았던 적이 있는가? 그랬다면 그 이유는 무엇이었나? 위에서 설명한 것과 여러분의 경험이 어느 정도까지 일치하는가?

공연

공연은 아마추어든 프로든, 음악가의 삶에 있어 중요한 부분이며, 음악가들은 공연을 위한 준비에 많은 시간을 투자한다. 전문 음악가들은 성공적인 연주의 핵심 요소가 관객과의 교감이라는 것을 인정한다.[11] 그들은 연주의 기술적 요소가 완벽하여 오로지 음악과 그 해석에만 집중할 수 있도록 준비를 아주 철저히 해야 한다는 것을 잘 알고 있다. 음악가들의 움직임은 음악적 의미 전달에 중요한 역할을 하기 때문에 관객과의 교감을 위해 동작을 과장되게 하기도 한다.[12]

모든 음악가들이 극복해야 할 도전 과제는 연주를 잘해낼까 하는 수행 불안이다. 클래식 음악가의 경우, 음악을 기술적으로 잘 구현해야 하는 과제는 시간이 갈수록 커지며, 관객들도 라이브 연주가 녹음된 음반과 마찬가지로 높은 수준이기를 기대한다. 음악가들은 또한 지속적으로 비평가들의 주시를 받는다. 어떤 특정 시점에 이루어진 연주의 수준은 연주자가 가진 기술의 전문성 정도, 준비의 적절성에 의해 영향을 받는다. 동시에 자기 확신과 같은 심리적 요인의 영향도 있을 수 있다. 수행 불안은 클래식 음악가에게만 국한된 것이 아니다. 그 예로, 가수 칼리 사이먼Carly Simon은 1981년 피츠버그에서 예정된 콘서트 전에 신경과민으로 쓰러진 후 7년 동안 무대에 서는 걸 포기했다. 가수 겸 영화배우 도니 오스몬드Donny Osmond도 공연 중 찾아온 공황 발작으로 수년 동안 고생하기도 했다.

불안은 다양한 생리적 증상을 동반한다. 연주자는 심장 박동과 호흡 횟수의 증가, 근육의 긴장, 가슴이 두근거리는 증상, 입안이 마름, 손에 땀이 나거나 차가워짐, 떨림, 잦은 소변, 아드레날린(에피네프린)과 코르티솔 같은 호르몬 분비, 위장 장애 등을 호소한다.[13] 여러분은 음악을 연주할 때나 다른 비슷한 경우에 이러한 증세를 인지했는가? 부들부들 떨리는 손, 떨리는 목소리, 입술을 축이는 행동, 호흡 등이 많은 악기 연주와 관련이 있고 공연에 직접적인 영향을 줄 수 있다. 불안은 집중력을 잃게 하고, 주의력과 기억력에 악영향을 줄 수 있다. 하지만 약간의 긴장감은 유익한 효과를 내기도 한다. 다가올 과제의 요구에 몸이 준비 태세를 갖추게 하고 동기 부여와 집중력을 높여 줄 수 있다. 특히 노련한 연주자들의 경우에 그런 경향이 있다. 따라서 음악 수행 불안의 부적응적(또는 악화시키는) 형태와 적응적(또는 쉽게 해 주는) 형태를 잘 구별할 필요가 있다.

개인이 겪는 수행 불안은 다음 요소와의 상호 작용에 따라 달라진다.

- **연주자가 불안을 경험하는 것에 대해 느끼는 민감함**: 성별과 나이에 따라, 그리고 대체적인 불안의 수준, 일반적으로 가지는 자기 확신과 특정한 공연에 대해 가지는 특정한 자기 확신이 어떠한가에 따라 달라질 수 있다.
- **음악을 잘 연주할 가능성**: 준비 과정, 연주의 난이도, 연주의 중요성, 불안 대처 전략과 관련이 있다.
- **개인이 연주하게 될 특정 환경의 특성**: 관객의 존재, 노출 정도, 장소적 특성의 영향을 받는다.[13]

대부분의 음악가는 수행 불안에 대처할 전략을 개발한다. 긍정적 태도를 유지하는 데 집중하고, 공연에 대해 느끼는 높은 부담감을 줄이는 데 집중한다. 예를 들어, 생리적 흥분은 휴식을 취하여 조절할 수 있으며, 인지 불안은 자신에게 긍정적인 말을 주입하고(나는 잘 준비되어 있다) 부정적인 생각은 차단함으로써 줄일 수 있다. 또 공연 자체로 인한 불안 가능성은 연주자의 실력 수준에 현실적으로 부합하는 적절한 곡목 선택으로 감소시킬 수 있다. 대체적으로 음악가들은 신체 건강하며 자신의 스트레스 수준을 증가시키지 않는 생활 방식을 잘 이끌어 갈 수 있다. 그림 7.1은 공연과 이를 위한 준비와 관련한 스케줄을 정리해 보여준다.

악기를 익히는 데 따르는 생리적 부담

연주는 기술적으로 매우 부담이 클 때가 많다. 그 결과 심리적 스트레스 말고도 신체적 스트레스를 야기할 수 있다. 같은 근육을 반복해 사용하거나 장시간의 연습 동안 나쁜 자세를 유지한 결과 신체 및 근골격 손상이 발생할 수 있다. 이 때문에 어떤 음악가들은 더 이상 연주를 할 수 없는 지경에 이르기도 한다. 이제는 이런 문제에 대한 인식이 높아져 전문 음악가를 양성하는 기관에서는 젊은 음악가들이 그러한 부상을 입지 않도록 지원하는 프로그램을 마련

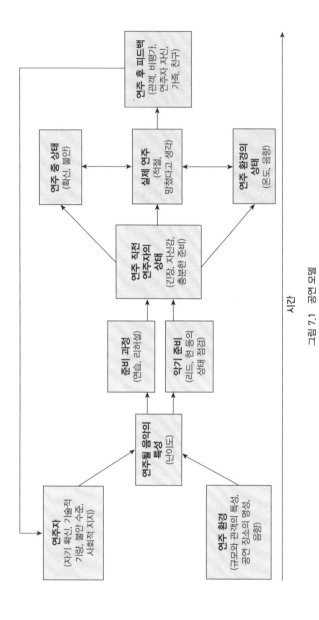

그림 7.1 공연 모델

170

해 시행하기 시작했다. 전문 음악가들은 소음, 예외적인 연주 스케줄, 열악한 조명 및 환경 조건, 긴 여행 등 다양한 스트레스에도 노출되기 때문에 이에 대처하는 법을 배울 필요가 있다. 음악 의학 전문가들은 전문 음악가로 양성되는 사람들은 자신이 어떻게 연습하고, 어떻게 생리적 예방 전략을 개발하고, 전반적으로 건강 증진을 위해 어떻게 해야 할지를 생각해 볼 필요가 있다고 조언한다.[14]

음악적 기술 향상에 필요한 것들

높은 수준의 음악적 전문 기술을 개발하는 데 필요한 과정은 보편적이며 모든 문화에 적용된다. 모두 시간, 노력과 헌신을 요한다. 물론 이러한 것들이 필요한 정도는 음악 자체의 특성과 음악의 창작과 연주와 관련하여 존재하는 문화적 전통에 따라 달라진다. 음악에 대한 헌신을 유지하기 위해 젊은 음악가들은 음악에 대한 사랑, 긍정적인 음악적 정체성과 자기 확신을 가져야 하며, 음악과 관련된 사회생활이 있어야 한다. 연주를 즐기고, 친구, 부모, 교사로부터 지원을 얻어야 한다. 가장 높은 수준에 이른 연주자들을 보면 아주 어린 나이에 음악을 시작하고 많은 시간을 연습에 투자하는 경향이 있다. 연습이 중요한 것은 사실이지만, 수행하는 연습량과 획득한 전문 기술의 수준이 정비례 관계인 것은 아니다. 연습의 질이 중요하기 때문이다. 이러한 사실은 전문 기술이 향상되면서 더 분명해진다. 창조적 음악 활동을 하는 사람들도 오랜 기간에 걸쳐 그들의 전문 기술을 개발하며 그렇게 하기 위해 상당한 노력을 쏟아붓는다.

전문 음악가들은 매우 큰 부담을 가진다. 관객과 비평가들이 그들의 연주를 평가하고, 연주 실황은 실시간으로 평가되며 녹음 음반과도 비교된다. 이러한 조건은 음악가들에게 상당한 심리 및 생리적 압박으로 작용한다. 전문 음악가가 되기를 열망하는 사람들은 이러한 점을 인식할 필요가 있으며 자신의 신체 및 심리적 웰빙을 보장하기 위한 수단을 마련해야 한다.

08

지적 기능에 미치는 음악의 효과

적극적인 음악 활동이 지적 기능에 미치는 효과를 다룬 연구들이 상당히 많다. 이러한 연구에서는 다양한 방법론을 이용했다. 초기 연구는 음악적 능력과 기타 지적 능력, 예를 들어 음악과 수학의 관계를 탐구하는 경향이 있었다. 음악가로 파악되는 사람들과 그렇지 않은 사람들 간의 비교도 이루어졌다. 이러한 연구 방법의 한계는 인과 관계를 보여 주지 못한다는 점이다. 이는 실험 중재 연구experimental intervention studies를 통해 살펴볼 수 있다. 이런 연구에서는 가령 수학을 전공하면서 음악 활동을 하는 사람들과 그렇지 않은 사람들의 수행 성적을 비교한다. 그러나 실험 중재 연구는 결과를 평가하기 위해 이용하는 수단의 범위, 기간, 참여자의 나이 등이 다양하다. 그래서 상호 모순된 증거가 나올 수 있다. 인터뷰, 포커스 그룹, 민족학 및 사례 연구가 포함된 질적 연구는 해당 사람들의 경험에 관한 통찰력을 제공해 줄 수 있지만 이 또한 인과 관계를 입증하지는 못한다.

대뇌 피질이 외부 자극과 학습 활동에 반응해 자체적으로 조직되는 방식을 파악하는 데 있어 최근의 신경 과학 분야 연구가 특히 중요해지고 있다. 적극적으로 음악 활동을 하면 두뇌 구조와 기능에 중요한 변화가 생긴다. 이 변화는 무엇을 배웠고 어떻게 배웠는지를 반영하며, 발달된 능력이 다른 활동으로 전이될 수 있는 정도를 결정하는 데 영향을 준다. 어떤 한 영역의 학습이 다른 영역으로 전이되는 일은 관련 과정의 유사성에 달려 있다. 어떤 음악적 능력은 다른 능력들에 비해 자동적으로 전이되는 경향이 강하다. 여기에는 소리의 지각과 관련된 처리, 소근육 운동의 발달, 정서적 민감성, 서면 자료와 소리의 관계를 이해하는 능력, 추가 정보의 기억 등이 포함된다. 지적 기능 이외의 혜택은 보다 일반적인 능력, 예를 들어 자기 통제, 끈기 등과 관련이 있을 듯하다. 이번 장에서는 이러한 여러 연구 전통에서 얻은 결과물을 종합하여 음악 작업이 지적 능력에 미치는 영향에 대해 간단한 개괄적 설명을 제공한다.[1] 연구에서 얻은 증거를 고려하기 전에 자신의 음악적 활동을 되돌아보는 시간을 가져 보기 바란다. 지적 능력에 혜택이 있었다고 가정할 때, 음악 활동을 하면서 어떤 혜택을 얻었는가? 이번 장을 읽으면서 연구 결과들이 자신의 경험과 얼마나 일치하는지 생각해 보기 바란다.

청각적 지각과 언어 능력

2장에서 살펴본 것과 같이 언어와 음악의 처리는 자동적으로 이루어지며, 둘 사이에는 밀접한 관계가 있다. 그 관계가 정확히 무엇이냐를 두고 논쟁이 계속되고 있지만 한 가지 분명한 사실은, 어린 시절에 능동적인 음악 활동을 한 사람들은 언어 처리에 영향을 주는 신경 발달을 향상시킬 수 있다는 점이다. 이러한 변화는 아주 빨리, 음악 활동을

시작한 지 8주만 되어도 가능할 수 있다.[2]

음악가들은 나이를 불문하고, 비 음악가들보다 음높이와 리듬 정보, 목소리에 담긴 감정을 처리하는 데 능숙하다. 이러한 처리 능력의 수준은 음악 교육의 양과 교육의 특성과 관련이 있다.[3] 향상된 지각 능력은 언어 발달에도 한몫한다.[4] 음악가들은 소음이 동반되거나 알아듣기 어려운 상황에서 언어를 지각하는 능력이 뛰어나다. 문법이 맞는지 판단하는 일과 불규칙하게 쓰여진 철자의 단어를 정확하게 발음하고, 노래 가사와 연설의 짧은 발췌문을 암기하는데 보다 능숙하다. 음악가는 구사하는 단어가 더 풍부하며 어떤 경우에는 복잡한 문장을 더 잘 이해하는 능력을 보여 주기도 한다.[1]

음악 교육을 받은 어린아이와 학생들은 소리의 처리와 관련해 신경 발달이 향상되어 있으며, 여러 소리 자극 간의 차이를 구별하고 이에 집중할 수 있는 능력이 우수한 것으로 나타났다.[5] 한 연구에서 여덟 살 아이들 32명을 6개월 동안 음악이나 그림 교육을 받도록 했다. 그림의 경우는 그렇지 않았지만, 음악 교육을 받은 후에는 아이들의 발화 음높이 구별 능력이 향상된 것으로 드러났다. 6개월의 음악 교육은 신경 처리 능력의 발달에 영향을 주어, 상대적으로 짧은 기간의 음악 교육이라도 기능에 강력한 영향을 미친다는 것과 발화 음높이 처리에 대한 민감성을 증가시킨다는 것을 보여 주었다.[6] 이를 종합하면 능동적 음악 활동을 한 사람들은 그렇지 않은 사람들보다 발화 시 음의 처리를 더 잘하며, 음운 인식(음소, 다시 말해 개별적인 소리에 집중하고 처리할 수 있는 특수한 능력)에 더 뛰어나다. 능동적인 음악 활동에 더 일찍 노출되고 더 오랜 시간 참여할수록, 영향도 더 커진다. 이러한 능력의 전이는 자동적이며 이것이 언어 발달뿐만 아니라 글을 읽고 쓸 줄 아는 능력의 발달에도 도움이 된다는 증거가 계속 나오고 있다.[7]

읽기와 쓰기 능력의 발달

음운 인식은 조기 읽기 능력을 예측하는 중요한 전조이며 낱말의 해독decoding을 돕는다. 또한 청각 능력과 강한 연관성을 가진다. 글을 이해하기 위해서는 기본적인 낱말 해독 능력과 높은 수준의 인지 처리 과정, 예를 들어 기억력과 주의력이 필요하다. 언어 및 청각적 작업 기억working memory 을 비롯한 다양한 읽고 쓰기 능력과 음악 활동의 관계에 대해서는 입증할 수 있는 근거들이 있다. 그럼에도 불구하고 읽기 그 자체와 관련된 증거는 상반된 결과를 보인다. 어떤 연구는 음악의 영향과 관련된 강력한 증거를 제시하는 반면, 다른 연구는 그렇지 않다. 이것은 아마도 음악이 모든 프로그램의 핵심은 아니었기 때문일 것이다. 일부 프로그램은 보다 예술 전반에 관한 프로그램이다. 중재 연구가 철저하게 관리되는 경우에는 대체로 읽기 능력에 긍정적인 영향이 확인되었다.[8] 결과가 다르게 나오는 것도 음악 교육의 유형과 참가하는 아이들의 나이와 읽기 수준의 차이로 설명할 수 있다. 아이가 이미 능숙하게 읽기를 잘한다면 음악적 개입으로 인한 효과는 제한적이거나 아예 없을 것이다. 읽기를 배울 때 음운론적 기술은 처음에는 중요하고 단기간의 음악 활동으로 향상될 수 있다. 반면 해독 능력에 영향을 주기 위해서는 더 긴 교육이 필요할 것이다. 그러나 일부 연구에 따르면 독해reading comprehension 능력은 향상되었지만 해독 능력은 향상되지 않은 것으로 나타났다.[9]

읽기에 어려움을 겪는 아이들은 특히 리듬에 중점을 둔

음악 활동이 도움이 되는 것으로 나타났다. 리듬적 동조(외부의 리듬에 맞추어 움직일 수 있음)는 학습을 돕고, 읽기에 중요한 역할을 하는 집행 기능을 발달시키는 데 특히 필요해 보인다.[10] 집행 기능에 대해서는 이 장의 뒷부분에서 살펴볼 것이다.

음악 활동에 악보 읽기 학습이 포함되는 경우, 글 읽기에도 직접적인 전이가 나타날 수 있다. 노래하기는 예측 가능한 문서 읽기, 가사와 음이 일치하도록 단어를 음절로 나누기, 패턴 파악 등의 과정을 포함하기 때문에 음악 활동을 하면 어떻게 읽기와 쓰기 능력이 개선되는지를 설명하는 예로 종종 제시된다. 또 다른 예는 집중력 변화와 동기 부여와 관련이 있다. 음악 작업은 순간적으로 강한 집중을 요하고 연주의 향상을 위해서는 인내심이 필요하기 때문이다.

음악 교육과 읽기 능력이 정확히 어떤 관계인지는 지금도 확실하지는 않다. 다만 음감과 리듬감의 발달을 돕는 음악 교육이 능숙한 읽기 능력 발달에 도움이 되어 향상된 독해 능력으로 이어진다는 것을 보여 주는 증거들은 충분히 축적되어 있다. 리듬 교육은 특히 중요해 보인다. 읽기에 미숙하거나 난독증이 있는 사람들은 일정한 리듬을 유지하는 데 어려움을 겪는 경향이 있어 특별히 도움이 될 것이다.

청각 및 시각적 기억

음악 교육은 음악 소리와 패턴뿐만 아니라 산문의 구절, 숫자 열, 낱말의 목록 또는 낱말이 아닌 문자 나열의 목록, 연설의 짧은 발췌 부분에 대한 청각 기억을 향상시킬 수 있다.[11] 음악 교육을 받는 아이들은 언어 자료에 대한 효율적인 기억 전략을 개발한다. 이는 아마도 음악 작업을 할 때 유의미한 정보 덩어리를 지속적으로 확인해야 하기 때문일 것이다. 개별 음표들이 결합해 유의미한 멜로디 악구가 형성되는데 이러한 악구가 지닌 음보 구조는 언어 영역에서 음절의 강세와 유사하다.

음악 교육이 청각 기억을 향상시키기는 하지만 시각 기억의 향상과 관련한 증거는 상충된다. 음악은 주로 청각적 처리에 의존하기 때문에, 음악가들이 시각적 기억을 발달시켜야 할 특별한 이유는 없다. 시각적 기억에 대한 영향은 음악 활동의 유형과 그 음악 활동이 악보 읽기를 어느 정도로 필요로 하는 유형인가에 따라 좌우될 수 있다.[1]

공간 추론과 수학적 성과

음악과 공간 추론의 관계가 일반 대중의 관심을 받게 된 것은 이른바 '모차르트 효과'를 통해서였다. 모차르트 효과를 주창하는 사람들은 모차르트 음악을 10분 정도 들으면 아이큐 테스트의 한 요소이기도 한 공간 추론 능력을 향상시킬 수 있다고 주장했다. 이러한 주장이 있은 후, 지능 발달에 도움이 된다는 주장에 따라 특히 아기들에게 들려주기 위한 용도의 모차르트 음반 CD가 제작되었다. 이 시기에 나는 BBC TV의 '내일의 세계'라는 생방송 프로그램에 참여하고 있었다. 이 프로그램에서 6000명 이상의 10세 아이들에게 10분 동안 모차르트 음악이나, 대중음악 그룹 블러Blur나 오아시스Oasis의 음악을 들려주거나, 내가 심리학 실험에 관해 이야기하는 것을 듣게 했다. 그러고 나서 아이들은 두 개의 공간 추론 과제를 완성했다. 당연한 결과지만, 아이들이 무엇을 들었건 이와 관련해 아이들의 테스트 수행 성적은 별다른 통계적 차이를 보이지 않았다. 다만 대중음악을 들었던 아이들의 성적이 아주 조금 높게 나왔는데 이것은 아이들이 그 음악을 더 좋아했거나 또는 그 음악의 생기 넘치는 분위기가 아이들의 각성 수준과 집중력을 높여 주었기 때문이다. 종합적으로 말하면, 모차르트 음악 듣기와 아이큐는 별 상관이 없다. 다만 모차르트 음악이 최적의 각성 수준을 만들어 주어 특정한 과제를 수행하는 동안 집중하는 데 도움을 줄 수 있을지는 모르겠다.

능동적 음악 활동이 시공간 추론에 미치는 영향을 분석한 연구에 따르면, 음악가들은 비 음악가들보다 심적 순환mental rotation, 시각-공간 탐색 과제, 시각 자극에 대한 주의를 요하는 다양한 과제에 대한 반응 시간 등을 포함한 공간 능력이 더 뛰어났다. 음악가들은 색깔이 있는 블록 세트를 시각적 이미지에 일치시키는 데 더 능숙했고, 선으로 그린 그림을 더 잘 기억했으며, 가로선의 중심을 표시하고 어떤 선의 방향을 판단하라고 했을 때 더 정확하게 수행했다. 음악가들이 이미 그런 능력이 뛰어난 사람들이었을 수도 있기 때문에 이 연구 결과로 음악 활동이 이러한 능력을 높여 준다고 결론 내릴 수는 없다.[1] 하지만 노래하기, 율동, 타악기 연주 또는 피아노 레슨 등의 일반적인 음악 수업은 아이들의 공간 능력 개발에 도움을 줄 수 있다. 열다섯 건의 연구를 대상으로 한 연구 검토에서[12] '강력하고 신뢰할 만한' 관계가 있음을 발견했고 음악 수업이 시공간 추론에 극적인 향상을 가져온다고 결론지었다. 이 연구 검토에서는 효과의 일관성을 강조하고 이 효과들은 키로 따지면 1인치, 표준 성취 테스트 점수로 치면 약 84점의 차이라고 비유했다. 이에 의하면 이른 시기에 음악 활동을 하는 것이 중요해 보인다. 다른 연구 검토에서도 음악 수업이 시공간 추론 능력에 일관되게 이로운 효과를 주는 것으로 결론 내렸다.[13]

역사적으로, 음악과 수학 사이에는 강한 연관성이 있다고 여겨졌다. 음악가들이 박자를 세분하고 리듬 표시를 소리로 변환시키는 등, 끊임없이 유사 수학적인 과정을 거치도록 요구받는 것도 한 이유가 될 것이다. 그러나 이에 대한 증거들은 엇갈린 결론을 내놓고 있으며, 심지어 어떤 것은 부정적이다. 수학과 음악 능력 사이에는 오로지 아주 작은 상관관계만이 확인된 상태이며,[14] 어린아이들을 대상으로 한 실험 연구들은 결론을 내지 못하고 있다.[15] 그 이유 중 하나는 아마도 음악 교육이 수학의 일부 측면과는 관련이 있으나 나머지 다른 측면과는 관련이 없기 때문일 것이다. 그럼에도 불구하고, 의식적으로 분수의 이해를 돕기 위해 음악을 사용해 성공한 사례들은 존재한다.[1]

지적 발달

음악 활동 참여 효과와 지적 발달에 초점을 맞춘 초기 연구에서는 이 둘의 관계를 분석했다. 인과 관계의 방향을 다루지는 않았기 때문에, 어떤 연구자는 지적으로 좀 더 뛰어난 아이들이 음악 활동에 흥미를 느낀다고 주장하며 긍정적인 관계가 있다고 설명하기도 한다. 실제로 악기를 배우기 시작하는 아이들은 배움에 앞서 이미 우수한 학과 성적을 가진 경우가 많다는 증거가 있다. 물론 모든 경우가 그런 것은 아니다. 악기 레슨을 받는 데는 일반적으로 비용이 들기 때문에 악기를 배우는 일은 종종 가족의 사회 경제적 지위와 관련이 있다. 그러나 이를 고려한다고 쳐도, 음악가들은 아이, 어른 구별 없이 지적 능력이 뛰어난 경향이 있다. 그러나 당연히 이에 대한 예외도 있다.[16]

음악이 지적 발달에 미치는 영향을 탐구한 최초의 중재 연구는 1975년에 이루어졌다. 이 연구에서 코다이Kodaly 음악 교습을 받은 아이들이 통제 집단의 아이들보다 아이큐 테스트의 다섯 개 중 세 개의 배열 과제와 다섯 개 중 네 개의 공간 과제에서 훨씬 더 우수한 성적을 낸 것으로 밝혀졌다. 언어 측정 부분에서는 차이가 없었지만, 실험 집단의 아이들은 읽기 성취 면에서 더 높은 점수를 받았고 2년 후에도 이러한 결과는 유지되었다.[17] 또 다른 세심하게 통제된 연구에서, 아이들은 무작위로 네 개의 다른 그룹에 배정되었다. 그중 두 그룹은 일 년 동안 음악 교습(표준 키보드, 코다이 발성법)을 받았고, 통제 집단은 비 음악적 예술 활동(드라마) 수업을 받거나 아무 교육도 받지 않았다. 예상할 수 있듯이 해당 기간 동안 전체 네 그룹의 아이큐 점수가 상승하였지만, 음악 수업을 받은 그룹은 확실히 상승 폭이 더 컸다. 통제 집단의 아이들은 평균 4.3점 상승한 반면, 음악 그룹의 아이들은 7점이 상승했다. 열두 개의 하위 검사

중 두 개를 제외하고, 음악 그룹은 통제 그룹보다 더 큰 폭의 상승을 보였다. 특히 음악 그룹은 언어 능력, 공간 능력, 처리 속도, 주의력을 측정한 네 개의 지표에서 더 큰 상승을 보였다.[18] 다른 연구들도 이러한 연구 결과들을 뒷받침하고 있지만 음악 교육을 중단한 후에도 그 효과가 항상 지속되는 것은 아니다.[1] 덧붙여 말하면, 보다 열성적으로 참여하고 음악 활동에 더 오랜 시간을 쏟아붓는 아이들이 가장 큰 변화를 보이는 경향이 있다.[19]

이 연구에서 떠오르는 핵심 주제는 변화를 일으키는 음악 활동의 특성에 관한 것이다. 지금까지 수행된 음악적 개입은 다양한 음악 활동을 바탕으로 하고 있다. 어떤 것은 광범위한 음악 교육을 제공하고, 다른 것은 악기 교습에 자세히 초점을 맞추었다. 음악 활동이 이롭다는 전제하에, 현시점에서는 어떤 특정 음악 활동이 좀 더 이로운지는 알지 못한다. 하지만 교습이 형편없고, 체계적이지 못하고 기대 이하라면 긍정적인 성과가 없는 것은 분명한 사실이다.

집행 기능과 자기 관리

음악 활동이 지적 능력에 미치는 영향은 중간 역할인 집행 기능과 자기 관리를 통해서도 설명될 수 있다. 집행 기능은 작업 기억(일시적으로 정보를 저장하고 관리하기 위해 이용되는 구조와 처리 과정)과 관련이 있으며, 행동, 생각, 감정의 의식적 통제와도 관련이 있다. 상관없는 정보를 무시하고, 잘못된 자동화 반응을 방지하고, 문제를 해결하기 위해 필요한, 예를 들어 계획 같은 일반적 능력과도 관련이 있다. 집행 기능에는 새롭거나 변화된 작업 요구 사항에 적응할 수 있는 능력인 인지 유연성도 포함된다. 집행 기능은 대부분 전두엽에 위치해 있다.

악기 연주나 노래하기는, 특히 합주나 합창을 하는 경우, 지속적인 주의력, 목표 지향적 행동, 인지 유연성 등 집행 기능과 관련된 많은 하위 기술을 필요로 한다. 정규 음악 훈련에는 인지적 도전, 긴 시간 동안의 통제된 주의력, 악절을 작업 기억에 계속 있게 하거나 장기 기억에 암호화하기, 악보를 해독하고 운동 프로그램으로 바꾸기 등의 활동이 수반된다. 이러한 활동은 뇌 영상 연구에서 설명하는

복잡한 인지 기능에 의지한다.[1]

능동적인 음악 활동과 향상된 집행 기능의 관계에 대해 성인을 대상으로 한 연구에서 비 음악가들과 비교했을 때 음악가들은 일부 집행 기능이 더 뛰어난 것으로 나타났다. 예를 들어, 비 언어적 공간 과제와 청각 및 시각적 색 명칭 과제, 시각적 주의력, 작업 기억, 처리 속도, 상관 없는 자료의 무시 등이다. 음악가의 경우 비 음악가와 비교하여 주의력의 통제를 담당하는 뇌 영역인 전두엽의 회백질 밀도가 높게 나타났으며, 음악 활동을 하는 노인들의 경우 이 영역의 퇴화도 줄었다. 전반적으로 음악 활동에 능동적으로 참여하면 통제와 계획과 관련 있는 집행 기능의 퇴보를 막을 수 있는 것으로 보인다.[20]

악기 실습은 일반적으로 작업 기억 능력, 처리 속도, 추론 능력과 양의 상관관계이다. 다만 아이들과 청소년의 경우 예외가 있으며[1, 21] 부모의 교육과 기타 학교 활동의 참여를 고려했을 때도 마찬가지다. 음악 활동을 하는 사람들은 측두-후두 및 섬 피질의 회백질 부피가 더 크다. 작업 기억의 이러한 변화는 대체로 매주 투자하는 연습 시간과 관련이 있다. 음악은 아이들이 유의미하지 않은 정보를 무시할 수 있는 능력을 향상시키는 데 도움이 되며[22] 이것은 기능적 뇌 가소성의 변화와 긍정적인 관련이 있다는 증거도 있다. 종합하면 음악 수업이 집행 기능에 미치는 영향과 집행 기능에 따라 지능 측정 결과가 어떻게 달라질 수 있는지는 아직 결론이 나지 않았지만, 집행 기능의 일부 요소가 음악 교육으로 개선될 수 있다는 점은 분명하다.

일반적 성취

음악 활동의 참여와 성취의 관계를 탐구하는 연구에서는 일반적으로 이 둘의 관계를 살펴보는 것을 바탕으로 한다. 이것은 문제의 소지가 있다. 지원을 아끼지 않는 부모나 교육에 도움이 되는 가정 환경 같이, 결론을 교란시킬 가능성이 있는 요소들이 많이 존재하기 때문이다. 음악 프로그램에 관심을 갖는 학생들이 이미 학업 성취도가 높은 것일 수도 있다. 미국의 대규모 데이터 세트에 기반한 일부 연구들은 음악 활동에 참여하는 학생들이 동급생들보다 학업적 성취 측정의 많은 분야에서 높은 점수를 기록한 것으로 보고했다. 그러나 대체적으로, 방법론적 문제가 일부 원인이 되어 그에 대한 증거는 상반되게 나타난다.[1] 잉글랜드 지방 정부English Local Authority의 협력하에 나와 동료는 11세의 학생들이 16세가 될 때까지 다양한 학과목에서 보이는 발달 상황을 살펴보았다. 그리고 악기 연주를 배운 학생들은 11세의 학업 성취를 근거로 한 예상보다 16세에 더 좋은 성적을 거둔 것을 확인했다. 가장 오랜 기간 동안 악기를 훈련한 학생들이 가장 큰 발전을 보였다.[23]

사회적 박탈감이 높은 지역의 아이들을 대상으로 한 음악 프로그램에서 나온 증거도 대체로 음악 활동 참여가 성취에 긍정적인 영향을 준다는 점을 시사했다. 최근의 검토[23] 결과 여러 연구가 보여 주는 결론에 따르면 음악 활동 참여자들은 목표 달성에 있어 꾸준하고 상당한 향상을 보였고, 언제나 그런 것은 아니지만 가끔씩은 수학, 읽기, 쓰기 부문에서 비교 그룹보다 뛰어났다.

대체로 음악 교육을 경험한 아이들은 일반 지능 요인을 통제한 후에 보아도 학업 성취에서 이점을 갖는 것으로 보인다. 동기 부여는 포부와 능력에 대한 자기 인식과 밀접하게 관련 있기 때문에 학업 성취에 중요할 것이다. 음악 활동에 적극적으로 참여하면 자신에 대한 긍정적 인식을 강화할 수 있다. 나아가 이것이 다른 분야의 학업에도 영향을 줄 수 있으며, 이러한 상태를 지속할 수 있는 동기 부여가 될 수 있다. 음악 공연을 하면 연주를 위해 다른 장소로 여행하는 일이 생기기 때문에, 새로운 친구를 사귈 기회를 갖게 되고 넓은 시야와 포부를 가질 수 있다.[24] 음악을 하는 학생들은 음악을 하지 않는 학생들보다 성실할 가능성도 있다. 이것은 음악을 하는 학생들이 아이큐 테스트에서 받은 점수에 근거한 예상보다 학업 성적이 뛰어난 이유를 설명할 수 있을 것이다.[25] 그러나 이 또한 정기적이고 집중적인 연습 습관을 길렀기 때문에 생긴 결과일 수도 있다.

이들 증거를 종합해 보면, 적극적인 음악 활동과 일반적 성취 사이에는 긍정적인 관계가 있다. 하지만 이 관계를 뒷받침하는 근거는 덜 명확하다. 이 관계는 청각, 공간, 기억 능력과 음소를 식별하는 능력의 전이나, 계획, 동기 부여, 포부의 변화 등과 관련된 다른 요소들의 영향을 받았기 때문일 수 있다. 개인의 성격 또한 역할을 했을지 모른다. 서양 클래식 음악가들은 대개 내성적인 경우가 많고, 혼자 연습하는 것을 편안하게 여겨서 사고의 자율성과 독립성을 키우는 경향이 있다. 또한 음악가들은 성실성과 새로운 경험에 대한 개방성 면에서 높은 점수를 보인다. 문제는 성격 특성이 음악 활동을 시작하고 지속하는 데 영향을 주는 것인지, 아니면 반대로 음악 작업의 요구 사항들이 성격적 특성에 영향을 주는 것인지를 밝혀내는 것이다. 아마도 이 두 가지가 상호 작용할 가능성이 가장 크다.[25]

성인의 인지 기능

많은 선진국에서 노인 인구가 증가함에 따라 이들의 건강과 웰빙을 유지시킬 수 있는 방법에 날로 관심이 높아지고 있다.

적극적으로 음악 활동에 참여 중인 노인들의 자기 보고 내용에는 주의력, 집중력, 기억력, 학습 및 처리 속도의 개선이 포함되어 있다.[26] 이러한 이로운 효과가 지속되기 위해서는 음악 활동이 꾸준히 이어져야 한다. 활동이 중단되면 효과가 줄어들기 때문이다. 5장에서 살펴본 것 같이, 음악 활동은 알츠하이머병의 일부 증세를 완화시킬 수 있다.

장기 기억을 복구하는 데 도움을 줄 수 있고, 기분과 행동을 좋아지게 할 수도 있다.

적극적 음악 활동의 영향

종합적으로 볼 때, 음악 활동의 적극적인 참여는 지적 능력에 다양하고 바람직한 영향을 미칠 수 있다. 구체적으로는 다음과 같다.

- 청각적 인식에 영향을 주어 언어 및 읽고 쓰는 능력의 발달을 돕는다.
- 청각 기억 능력이 향상된다.
- 공간 추론에 영향을 미쳐 일부 수학과 관련된 능력에 도움을 준다.
- 지능에 영향을 끼쳐 검사 점수가 향상된다.
- 집행 기능에 영향을 주어 보다 일반적으로는 지능과 학업에 영향을 준다.
- 자기 관리에 영향을 주어서 많은 연습을 필요로 하는 모

든 형태의 학습에 영향을 준다.

• 학업 성취에 영향을 준다.

현재로서는 어떤 음악 활동이 이러한 변화를 가져오는지 알 수 없지만, 음악 활동이 양질이어야 한다는 사실만큼은 알고 있다. 음악 활동을 오랫동안 유지하고, 일찍 시작하고, 높은 수준으로 열성을 다해 지속할 때 가장 큰 효과가 나타난다. 현재까지는, 음악 활동과 관련한 뇌의 변화에 성별, 유전적 차이, 음치, 기타 개인별 차이가 어떤 영향을 미치는지에 대한 연구는 이루어지지 않았다. 정규 교육 이전의 음악적 경험 정도 또한 중요할 수 있다는 사실은 3장에서 살펴보았다. 동기 부여가 지속되기 위해서는, 음악 활동을 할 때 상호 교류가 매우 활발해야 하고, 새로운 기량을 발전시킬 수 있는 기회가 있어야 하고, 긍정적으로 인정받고 보람도 있어야 한다. 이러한 점은 참여자의 나이와 상관없이 중요하다.

추가자료

도서

Ashley, R. (2016). Musical improvisation. In S. Hallam, I. Cross, & M. Thaut (eds.), *Oxford handbook of music psychology* (2nd edition, pp. 667-679). Oxford: Oxford University Press.

Hallam, S. (2012). Commentary. In G. McPherson, & G. Welch (eds.), *Oxford handbook of music education*. Oxford: Oxford University Press.

Hallam, S. (2014). *The power of music: A research synthesis of the impact of actively making music on the intellectual, social and personal development of children and young people*. London: iMERC.

Hallam, S. (2016) Musicality. In G. McPherson (ed.), *The child as musician: A handbook of musical development* (2nd edition, pp. 69-80). Oxford: Oxford University Press.

Hallam, S., & Bautista, A. (2012). Processes of instrumental learning: The development of musical expertise. In G. McPherson, & G. Welch (eds.), *Oxford handbook of music education*. Oxford: Oxford University Press.

Impett, J. (2016). Making a mark: The psychology of composition. In S. Hallam, I. Cross, & M. Thaut (eds.), *Oxford handbook of music psychology* (2nd edition, pp. 651-666). Oxford: Oxford University Press.

Lamont, A. (2016). Musical development from the early years onwards. In S. Hallam, I. Cross, & M. Thaut. *Oxford handbook of psychology of music* (2nd edition, pp. 399-414). Oxford: Oxford University Press.

Lamont, A., Greasley, A., & Sloboda, J. (2016) Choosing to hear music: Motivation, process and effect. In S. Hallam, I. Cross, & M. Thaut (eds.), *The oxford handbook of music psychology* (2nd edition, pp. 711-724). Oxford: Oxford University press.

MacDonald, R., Kreutz, G., & Mitchell, L. (2012) *Music, health and wellbeing*. Oxford: Oxford University Press.

Ockelford, A. (2008). *In the key of genius: The extraordinary life of Derek Paravicini*. London: Arrow.

Trehub, S. E. (2016). Infant musicality. In S. Hallam, I. Cross, & M. Thaut. *Oxford handbook of psychology of music* (2nd edition, pp. 387-398). Oxford: Oxford University Press.

Webb, M., & Seddon, F. A. (2012). Musical instrument learning, music ensembles, and musicianship in a global and digital age. In G. E. McPherson, & G. F. Welch (eds.), *The oxford handbook of music education, Volume 1* (pp. 752-768).

웹 사이트

contently.com/strategist/2015.04/09/the-10-best-songs-in-advertising/

www.allmusic.com/album/raga-guide-a-survey-of-74-hindustani-ragas-mw0000246246

www.ancient-future.com/theka.html

www.bbc.co.uk/programmes/b03b51db

www.bbc.co.uk/programmes/b097f5vs

www.bing.com/videos/search?q=you+tube+videos+music+in+hospitals+
   children+boston&view=detail&mid=AE1261832CD7D15E1485A
   E1261832CD7D15E1485&FORM=VIRE

www.gold.ac.uk/music-mind-brain/gold-msi/download

www.musicgenreslist.com/

www.vh1.com/news/26000/musicians-forget-their-own-lyrics/

www.youtube.com/watch?v=6JSDxgHOJw

www.youtube.com/watch?v=nVhND8rzqh4

www.youtube.com/channel/UCo1zeq0zxJHdk9mhC3ucC3w

www.youtube.com/watch?v=V5moKfZ9Y2Q

www.youtube.com/watch?v=DhQJUpThbZ4

www.youtube.com/watch?v=RMEpjDFHN50

www.youtube.com/watch?v=3Ku9iH2pU9g

www.youtube.com/watch?v=6KHZe0rr8q8

www.youtube.com/watch?v=nuj2X2YeWn4

www.youtube.com/watch?v=HsyGSA2-qVg

www.youtube.com/user/AlmaDeutscher

www.youtube.com/user/derekparavicini

www.youtube.com/watch?v=_GcQ3Jyu9Ek

www.youtube.com/watch?v=vREbeqR4EtQ

참고문헌

01 음악의 의미와 기능

1 Jacobs, A. (1972). *New dictionary of music* (2nd edition).
   Harmondsworth: Penguin Books.

2 Sykes, J. B. (1983). *Concise Oxford dictionary* (7th edition).
   Oxford: University Press.

3 Gourlay, K. (1984). The non-universality of music and the
   universality of non-music. *The World of Music*, 26(2), 25-39.

4 Blacking, J. (1973). *How musical is man?* Seattle: University of
   Washington Press.

5 Cross, I., & Morley, I. (2009). The evolution of music: Theories,
   definitions and the nature of the evidence. In S. Malloch &
   C. Trevarthen (eds.), *Communicative musicality* (pp. 61-81).
   Oxford: Oxford University Press.

6 Tan, S-L., Pfordresher, P., & Harre, R. (2012). *Psychology of music:
   From sound to significance*. Hove and New York: Psychology Press/
   Taylor and Francis.

7 Levitin, D. J. (2008). *The world in six songs: How the musical brain
   created human nature*. New York: Dutton.

8 Schachner, A., Brady, T. F., Pepperberg, I., & Hauser, M. D. (2009).

Spontaneous motor entrainment to music in multiple vocal mimicking species. *Current Biology*, 19(10), 831–836.

9   Gray, P. M., Krause, B., Atema, J., Payne, R., Krumhansl, C., & Baptista, L. (2001). The music of nature and the nature of music. *Science*, 5(1), 52–54.

10 Merker, B. (2009). Ritual foundations of human uniqueness. In S. Malloch & C. Trevarthen (eds.), *Communicative musicality*. Oxford: Oxford University Press.

11 Miller, G. (2000). Evolution of human music through sexual selection. In N. L. Wallin, B. Merker, & S. Brown (eds.), *The origins of music* (pp. 329–360). Cambridge, MA: The MIT Press.

12 Huron, D. (2003). Is music an evolutionary adaptation? In I. Peretz & R. Zatorre (eds.), *The cognitive neuroscience of music* (pp. 57–77). Oxford: Oxford University Press.

13 Brown, D. (1991). *Human universals*. New York: McGraw-Hill.

14 Cross, I. (2003). Music, cognition, culture and evolution. In I. Peretz & R. Zatorre (eds.), *The cognitive neuroscience of music* (pp. 42–56). Oxford: Oxford University Press.

15 Sperber, D. (1996). *Explaining culture*. Oxford: Blackwell.

16 Pinker, S. (1997). *How the mind works*. New York: W.W. Norton.

17 DeNora, T. (2000). *Music in everyday life*. Cambridge, MA: Cambridge University Press.

18 for a review see Hallam, S. (2014). *The power of music: A research synthesis of the impact of actively making music on the intellectual, social and personal development of children and young people*. London: iMERC.

19 Tan, Siu-Lan; Pfordresher, Peter; Harré, Rom (2010). *Psychology of Music: From Sound to Significance.* New York: Psychology Press.

20 Thompson, W. F. (2014). *Music, Thought, and Feeling: Understanding the Psychology of Music, 2nd Edition.* New York: Oxford University Press.

21 Deutsch, D. Psychology of music, history, antiquity to the 19th century. *Grove Music Online, Oxford Music Online.* Oxford University Press. Retrieved 9 April 2016.

02 음악 뜯어보기

1 Levitin, D. (2006). *This is your brain on music.* London: Atlantic books.

2 For a review see Bigand, E., & Poulin-Charronnat, B. (2006). Are we "experienced listeners"? A review of the musical capacities that do not depend on formal musical training. *Cognition*, 100, 100-130.

3 For a review see Loui, P. (2016). Disorders of music cognition. In S. Hallam, I. Cross, & M. Thaut (eds.), *The Oxford handbook of music psychology* (pp. 307-324). Oxford: Oxford University Press.

4 Demorest, S. M., & Morrison, S. J. (2003). Exploring the influence of cultural familiarity and expertise on neurological responses to music. *Annals of the New York Academy of Sciences*, 999, 112-117.

5 Deutsch, D. (ed). (2013). *The psychology of music.* New York: Academic Press.

6 Large, E. W., & Snyder, J. S. (2009). Pulse and meter as neural resonance. *Annals of the New York Academy of Sciences*, 1169, 46-57.

7 For a review see Stainsby, T., & Cross, I. (2016). The perception of pitch. In S. Hallam, I. Cross, & M. Thaut (eds.), *The Oxford handbook of music psychology* (pp. 63-80). Oxford: Oxford University Press.

8 Lerdahl, F. (2001). *Tonal pitch space.* New York: Oxford University Press.

9 Bharucha, J. J. (1987). Music cognition and perceptual facilitation:

A connectionist framework. *Music Perception*, 5(1), 1-30.

10 For a review see McAdams, S., & Giordano, B. L. (2016). The perception of musical timbre. In S. Hallam, I. Cross, & M. Thaut (eds.), *The Oxford handbook of music psychology* (pp. 113-123). Oxford: Oxford University Press.

11 For a review see Bigand, E., & Poulin-Charronnat, B. (2016). Tonal cognition. In S. Hallam, I. Cross, & M. Thaut (eds.), *The Oxford Handbook of Music Psychology* (pp. 95-112). Oxford: Oxford University Press.

12 Lerdahl, F., & Jackendoff, R. (1983). *A generative theory of tonal music*. Cambridge, MA: The MIT press.

13 Deliege, I., & Melen, M. (1997). Cue abstraction in the representation of music form. In I. Deliege & J. Sloboda (eds.), *Perception and cognition of music* (pp. 387-341). Hove: East Sussex: Psychology Press.

14 Williamson, V., Jilka, S., Fry, J., Finkel, S., Müllensiefen, D., & Stewart, L. (2012). How do earworms start? Classifying the everyday circumstances of involuntary musical imagery (Earworms). *Psychology of Music*, 40(3), 259-284.

15 Kellaris, J. J. (2001). Identifying properties of tunes that get 'stuck in your head. In *Proceedings of the Society for Consumer Psychology* (pp. 66-67). Scottsdale, AZ: American Psychological Society.

16 For a review see Huron, D. (2016). Aesthetics. In S. Hallam, I. Cross & M. Thaut (eds.), *The Oxford handbook of music psychology* (pp. 233-246). Oxford: Oxford University Press.

17 Brown, S. B., Gao, X., Tisdelle, L., Eickhoff, S. B., & Liotti, M. (2011). Naturalizing aesthetics: Brain areas for aesthetic appraisal across sensory modalities. *NeuroImage*, 58, 250-258.

18   For a review see Hallam, S., Creech, A., & Varvarigou, M. (2017).
     Well-being and music leisure activity through the lifespan:
     A psychological perspective. In R. Mantie & G. D. Smith (eds.),
     Oxford handbook of music making and leisure (pp. 31–60). Oxford:
     Oxford University Press.

19   For a review see Gabrielsson, A. (2016). The relationship between
     musical structure and perceived expression. In S. Hallam, I. Cross, &
     M. Thaut (eds.), *The Oxford handbook of music psychology*
     (pp. 215–232). Oxford: Oxford University Press.

20   For a review see Juslin, P. N. (2016). Emotional responses to music.
     In S. Hallam, I. Cross, & M. Thaut (eds.), *The Oxford handbook of
     music psychology* (pp. 197–214). Oxford: Oxford University Press.

21   For a review see Hodges, D. A. (2016). The neuroaesthetics of music.
     In S. Hallam, I. Cross, & M. Thaut (eds.), *The Oxford handbook of
     music psychology* (pp. 247–262). Oxford: Oxford University Press.

22   For a review see Peretz, I. (2010). Towards a neurobiology of musical
     emotions. In P. Juslin & J. Sloboda (eds.), *Handbook of music and
     emotions* (pp. 99–126). Oxford: Oxford University Press.

23   Meyer, L. (1956). *Emotion and meaning in music.* Chicago:
     The University of Chicago Press.

24   For a review see Trainor, L. J., & Zatorre, R. J. (2016).
     The neurobiology of musical expectations. In S. Hallam, I. Cross, &
     M. Thaut (eds.), *The Oxford handbook of music psychology*
     (pp. 285–306). Oxford: Oxford University Press.

03 일생에 걸친 음악적 기량 개발

1   Bronfenbrenner, U. (2009). *The ecology of human development.*
     Cambridge, MA: Harvard University Press.

2   Gaunt, H., & Hallam, S. (2016). Individuality in the learning of musical skills. In S. Hallam, I. Cross, & M. Thaut (eds.), *Oxford Handbook of Music Psychology* (2nd edition, pp. 463–478). Oxford: Oxford University Press.

3   Hettema, J., & Kenrick, D. T. (1992). Models of person–situation interactions. In G. V. Caprara & G. L. Van Heck (eds.), *Modern personality psychology: Critical reviews and new directions* (pp. 393–417). New York: Harvester Wheatsheaf.

4   Byrd, A. L., & Manuck, S. B. (2014). MAOA, childhood maltreatment, and antisocial behavior: Meta–analysis of a gene–environment interaction. *Biological Psychiatry*, 75(1), 9–17.

5   Altenmüller, E. O. (2003). How many music centres are in the brain? In I. Peretz & R. Zatorre (eds.), *The cognitive neuroscience of music* (pp. 346–356). Oxford: Oxford University Press.

6   Munte, T. F., Nager, W., Beiss, T. Schroeder, C., & Erne, S. N. (2003). Specialization of the specialised electrophysiological investigations in professional musicians. In G. Avanzini, C. Faienza, D. Minciacchi, L. Lopez, & M. Majno (eds.), *The neurosciences and music* (pp. 112–117). New York: New York Academy of Sciences.

7   Parncutt, R. (2016). Prenatal development and the phylogeny and ontogeny of musical behaviour. In S. Hallam, I. Cross, & M. Thaut (eds.), *Oxford handbook of psychology of music* (2nd edition, pp. 371–386). Oxford: Oxford University Press.

8   Trehub, S. E. (2016). Infant musicality. In S. Hallam, I. Cross, & M. Thaut. *Oxford handbook of psychology of music* (2nd edition, pp. 387–398). Oxford: Oxford University Press.

9   Lamont, A. (2016). Musical development from the early years onwards. In S. Hallam, I. Cross, & M. Thaut. *Oxford handbook of*

psychology of music (2nd edition, pp. 399–414). Oxford: Oxford University Press.

10   Lowther, D. (2004). An investigation of young children's timbral sensitivity. *British Journal of Music Education*, 21(1), 63–80.

11   Hargreaves, D. (1982). The development of aesthetic reactions to music. *Psychology of Music*, Special Issue, 51–54.

12   Greasley, A., & Lamont, A. (2016). Musical preferences. In S. Hallam, I. Cross, & M. Thaut. *Oxford handbook of psychology of music* (2nd edition, pp. 263–283). Oxford: Oxford University Press.

13   North, A. C., & Hargreaves, D. (2007). Lifestyle correlates of musical preference: 1. Relationships, living arrangements, beliefs, and crime. *Psychology of Music*, 35(1), 58–87.

14   Brook, O. (2013). Reframing models of arts attendance: Understanding the role of access to a venue. The case of opera in London. *Cultural Trends*, 22(2), 97–107.

15   Bennett, T., Savage, M., Silva, E. B., Warde, A., Gayo–Cal, M., & Wright, D. (2009). *Culture, class, distinction*. London: Routledge.

16   Zajonc, R. B. (1968). Attitudinal effects of mere exposure. *Journal of Personality and Social Psychology*, 9(2), 1–21.

17   Berlyne, D. E. (1971). *Aesthetics and psychobiology*. New York: Appleton–Century–Crofts.

18   Schubert, E. (2007). The influence of emotion, locus of emotion and familiarity upon preference in music. *Psychology of Music*, 35, 499–515.

19   Gembris, H. (2008). Musical activities in the third age: An empirical study with amateur musicians. In A. Daubney, E. Longhi, A. Lamont, & D. J. Hargreaves (eds.), *Musical development and learning. Conference proceedings, Second European Conference on*

Developmental Psychology of Music, Roehampton University, England, 10-12 September (pp. 103-108). Hull: G.K. Publishing.

20 Creech, A., Hallam, S., McQueen, H., & Varvarigou, M. (2014). *Active ageing with music: Supporting well being in the third and fourth ages*. London: IOE Press.

21 Stebbins, R. A. (1992). *Amateurs, professionals and serious leisure*. Montreal, QC: McGill-Queen's University Press.

22 Hallam, S., & Creech, A. (eds). (2010). *Music education in the 21st century in the United Kingdom: Achievements, analysis and aspirations*. London: Institute of Education, University of London.

23 Hallam, S., & Papageorgi, I. (2016). Conceptions of musical understanding. *Research Studies in Music Education*, 38(2), 133-154.

24 Hays, T., & Minichiello, V. (2005). The contribution of music to quality of life in older people: An Australian qualitative study. *Ageing and Society*, 25(2), 261-278.

04 일상생활 속 음악

1 For a review see Hallam, S., Creech, A., & Varvarigou, M. (2017). Well-being and music leisure activity through the lifespan: A psychological perspective. In R. Mantie & G. D. Smith (eds.), *Oxford handbook of music making and leisure* (pp. 31-60). Oxford: Oxford University Press.

2 For a review see Lamont, A., Greasley, A., & Sloboda, J. (2016). Choosing to hear music: Motivation, process and effect. In S. Hallam, I. Cross, & M. Thaut (eds.), *The Oxford handbook of music psychology* (2nd edition, pp. 711-724). Oxford: Oxford University press.

3 DeNora, T. (2000). *Music in everyday life*. Cambridge, MA: Cambridge University Press.

4 For a review see Hargreaves, D. J., MacDonald, R., & Miell, D. (2016). Musical identities. In S. Hallam, I. Cross, & M. Thaut (eds.), *The Oxford Handbook of Music Psychology* (2nd edition, pp. 759–774). Oxford: Oxford University press.

5 Selfhout, M. H. W., Delsing, M. J., ter Bogt, M. H., & Meeus, W. H. J. (2008). Heavy metal and hip–hop style preferences and externalizing problem behaviour: A two–wave longitudinal study. *Youth and Society*, 39, 435–452.

6 Scheel, K. R., & Westefeld, J. S. (1999). Heavy metal music and adolescent suicidality: An empirical investigation. *Adolescence*, 34, 253–273.

7 Boer, D., Fischer, R., Gürkan, H., Abubakar, A., Njenga, J., & Zenger, M. (2012). Young people's topography of musical functions: Personal, social and cultural experiences with music across genders and six societies. *International Journal of Psychology*, 47, 355–369.

8 Hays, T., & Minichiello, V. (2005). The contribution of music to quality of life in older people: An Australian qualitative study. *Ageing and Society*, 25(2), 261–278.

9 For a review see Hallam, S., & MacDonald, R. (2016). The effects of music in community and educational settings. In S. Hallam, I. Cross, & M. Thaut (eds.), *The Oxford handbook of music psychology* (2nd edition, pp. 775–787). Oxford: Oxford University press.

10 Stebbins, R. (1992). *Amateurs, professionals, and serious leisure.* Montreal & Kingston, Canada: McGill–Queens University Press.

11 Keown, D. J. (2015). A descriptive analysis of film music enthusiasts' purchasing and consumption behaviours of soundtrack albums: An exploratory study. *Psychology of Music*, 1–15.

12 Pitts, S. E., & Burland, K. (2013). Listening to live jazz: An individual

or social act? *Arts Marketing: An International Journal*, 3(1), 7-20.

13 Bennett, T., Savage, M., Silva, E. B., Warde, A., Gayo-Cal, M., & Wright, D. (2009). *Culture, Class, Distinction*. London: Routledge.

14 Audience Agency. (2013). *Audience spectrum*. www.theaudienceagency.org. Accessed on 27-08-17.

15 Lacher, K. T., & Mizerski, R. (1994). An exploratory study of the responses and relationships involved in the evaluation of, and in the intention to purchase new rock music. *Journal of Consumer Research*, 21(2), 366-380.

16 Molteni, L., & Ordanini, A. (2003). Consumption patterns, digital technology and music downloading. *Long Range Planning*, 36, 389-406.

17 Werner, D. (1984). *Amazon journey; An anthropologist's year among Brazil's Mekranoti Indians*. New York: Simon and Schuster.

18 For a review see Cohen, A. J. (2016). Music in performance arts: Film, theatre and dance. In S. Hallam, I. Cross, & M. Thaut (eds.), *The Oxford handbook of music psychology* (2nd edition, pp. 725-744). Oxford: Oxford University press.

19 For a review see North, A. C., Hargreaves, D. J., & Krause, A. E. (2016). Music and consumer behaviour. In S. Hallam, I. Cross, & M. Thaut (eds.), *The Oxford handbook of music psychology* (2nd edition, pp. 789-803). Oxford: Oxford University press.

20 Garlin, F. V., & Owen, K. (2006). Setting the tone with the tune: A metaanalytic review of the effects of background music in retail settings. *Journal of Business Research*, 59(6), 755-764.

05 음악을 활용한 건강과 웰빙

1 Jowett, B. (translater). (1888). *The republic of Plato* (p. 88). Oxford:

Clarendon Press.

2   Hallam, S. (2001). *The power of music*. London: Performing Rights
    Society.

3   Hallam, S. (2010). The power of music: Its impact of the intellectual,
    personal and social development of children and young people.
    International Journal of Music Education, 38(3), 269–289.

4   For a review see Hallam, S. (2014). *The power of music: A research
    synthesis of the impact of actively making music on the intellectual,
    social and personal development of children and young people*.
    London: International Music Education Research Centre (iMerc),
    University College London, Institute of Education.

5   Huppert, F. A., & So, T. T. (2013). Flourishing across Europe:
    Application of a new conceptual framework for defining well-being.
    Social Indicators Research, 110(3), 837–861.

6   Steverink, N., & Siegwart, L. (2006). Which social needs are
    important for subjective well-being? What happens to them with
    aging? *Psychology and Aging*, 21, 281–290.

7   Clift, S., Hancox, G., Staricoff, R., & Whitmore, C. (2008). *Singing
    and health: A systematic mapping and review of non-clinical research*.
    Folkestone, UK: Sidney de Haan Research Centre for Arts and
    Health, Canterbury Christ Church University.

8   Creech, A., Hallam, S., Varvarigou, M., & McQueen, H. (2014).
    *Active ageing with music: Supporting wellbeing in the third and fourth
    ages*. London: Institute of Education Press.

9   Kreutz, G., Quiroga Murcia, C., & Bongard, S. (2012).
    Psychoneuroendocrine research on music and health.
    In R. MacDonald, G. Kreutz, & L. Mitchell (eds.), *Music, health and
    wellbeing* (pp. 457–490). Oxford: Oxford University Press.

10 Loewy, J. (2014). *First sounds: NICU rhythm, breath and lullaby research and practice*, Paper presented at the conference The Neueosciences and Music – V: Cognitive stimulation and rehabilitation, 29th May to June 1st, Grand Theatre/Palais des Ducs, Dijon.

11 Preti, C., & McFerran, K. (2014). Music to promote children's well-being during illness and hospitalization. In G. E. McPherson (ed.), *The child as musician*. Oxford: Oxford University Press.

12 MacDonald, R. A. R., Kreutz, G., & Mitchell, L. (eds). (2012). *Music, health and wellbeing*. New York: Oxford University Press.

13 Pasiali, V. (2012). Supporting child–parent interaction: Music therapy as an intervention for promoting mutually responsive orientation, *Journal of Music Therapy*, 48(3), 303–334.

14 Creech, A., González-Moreno, P., Lorenzino, L., & Waitman, G. (2016). *El Sistema and Sistema-inspired programmes: A literature review*. London: Institute of Education, for Sistema Global.

15 Dingle, G. A., Brander, C., Ballantyne, J., & Baker, F. A. (2012). To be heard: The social and mental health benefits of choir singing for disadvantaged adults. *Psychology of Music*, 41, 405–421.

16 Faulkner, S., Wood, L., Ivery, P., & Donovan, R. (2012). It is not just music and rhythm . . . Evaluation of a drumming-based intervention to improve the social well-being of alienated youth. *Children Australia*, 37(1), 31–39.

17 Qa Research. (2012). *Young people not in education, employment or training (NEET) and music making*. London: Youth Music.

18 Henley, J., Caulfield, L. S., Wilson, D., & Wilkinson, D. J. (2012). Good vibrations: Positive change through social music making. *Music Education Research*, 14(4), 499–520.

19 Hallam, S., Creech, A., & McQueen, H. (2017). Teachers' perceptions of the impact on students of the musical futures approach. *Music Education Research*, 19(3), 263–275.

20 Odena, O. (2010). Practitioners' views on cross-community music education projects in Northern Ireland: Alienation, socio-economic factors and educational potential. *British Educational Research Journal*, 36, 83–105.

21 Rabinowitch, T. C., Cross, I., & Burnard, P. (2013). Long-term musical group interaction has a positive influence on empathy. *Psychology of Music*, 41(4), 484–498.

22 Miksza, P. (2010). Investigating relationships between participation in high school music ensembles and extra-musical outcomes: An analysis of the education longitudinal study of 2002 using bio-ecological development model. *Bulletin of the Council for Research in Music Education*, 186, 7–25.

23 Geretsegger, M., Elefant, C., Mossler, K. A., & Gold, S. (2014). Randomised control trial of improvisational music therapy's effectivenss for children with autism spectrum disorders (TIME-A): A study protocol. *BMC Paediatrics*, 12, 2.

24 Dillon, L. (2010). *Looked after children and music making: An evidence review*. London: Youth Music.

25 Waaktaar, T., Christie, H. J., Inger Helmen Borge, A., & Torgersen, S. (2004). How can young people's resilience be enhanced? Experiences from a clinical intervention project. *Clinical Child Psychology and Psychiatry*, 9(2), 167–183.

26 Daykin, N., Moriarty, Y., Viggiani, N., & Pilkington, P. (2011). *Evidence review: Music making with young offenders and young people at risk of offending*. Bristol and London: University of West of

England/Youth Music.

27 Fancourt, D., Ockelford, A., & Belai, A. (2014). The psychoneuroimmunological effects of music: A systematic review and a new model. *Brain, Behaviour and Immunology*, 36, 15-26.

28 Mainka, S., Spintge, R., & Thaut, M. (2016). Music therapy in medical and neurological, rehabilitation settings. In S. Hallam, I. Cross, & M. Thaut (eds.), *Oxford handbook of music psychology* (pp. 857-873). Oxford: Oxford University Press.

29 Wheeler, B. L. (2016). Research in music therapy. In S. Hallam, I. Cross, & M. Thaut (eds.), *Oxford handbook of music psychology* (pp. 835-855). Oxford: Oxford University Press.

30 Clift, S. (2012). Singing, wellbeing and health. In R. A. R. MacDonald, G. Kreutz, & L. Mitchell (eds.), *Music, Health and Wellbeing* (pp. 111-124). Oxford: Oxford University Press.

06 음악적 능력과 관련된 주제들

1 McPherson, G., & Hallam, S. (2009). Musical potential. In: Hallam, S. Cross, I, & Thaut, M. (eds.), *Oxford handbook of music psychology* (pp. 225-254). Oxford: Oxford University Press.

2 Morley, I. (2013). *The prehistory of music: Evolutionary origins and archaeology of human musicality*. Oxford: Oxford University Press.

3 Shuter-Dyson, R. (1999). Musical ability. In D. Deutsch (ed.), *The psychology of music* (pp. 627-651). New York: Harcourt Brace and Company.

4 Pulli, K., Karma, K., Norio, R., Sistonen, P. Goring, H. H. H., & Jarvela, I. (2008). Genome-wide linkage scan for loci of musical aptitude in Finnish families: Evidence for a major locus at 4q22. *Journal of Medical Genetics*, 45: 451-456.

doi: 10.1136/jmg.2007.056366 451

5   Ukkola-Vuoti, L., Oikkonen, J., Buck, G., Blancer, C., Raijas, P.,
     Karma, K., Lähdesmäki, H., & Järvelä, I. (2013). Genome-wide copy
     number variation analysis in extended families and unrelated
     individuals characterized for musical aptitude and creativity in music.
     PLOS ONE, 8(2), e56356.

6   Schlaug, G. (2003). The brain of musicians. In I. Peretz & R. Zatorre
     (eds.), *The cognitive neuroscience of music* (pp. 366-381). Oxford:
     Oxford University Press.

7   Loui, P. (2016). Absolute pitch. In S. Hallam, I. Cross, & M. Thaut
     (eds.), *Oxford handbook of music psychology* (pp. 81-94). Oxford:
     Oxford University Press.

8   Miyazaki, K., & Ogawa, Y. (2006). Learning absolute pitch by
     children: A cross sectional study. *Music Perception*, 42(1), 63-78.

9   Mottron, L., Dawson, M., & Soulieres, I. (2009). Enhanced
     perception in savant syndrome: Patterns, structure and creativity.
     Philosophical Transactions of the Royal Society, 364, 1385-1391.
     doi: 10.1098/rstb.2008.0333

10   McPherson, G. E., & Lehmann, A. (2012). Exceptional musical
     abilities - child prodigies. In G. E. McPherson & G. Welch (eds.),
     Oxford handbook of music education (pp. 31-50). New York: Oxford
     University Press.

11   Ruthsatz, J., & Detterman, D. K. (2003). An extraordinary memory:
     The case study of a musical prodigy. *Intelligence*, 31, 509-518.

12   Vandervert, L. A. (2009). Working memory, the cognitive functions
     of the cerebellum and the child prodigy. In L. V. Shavinina (ed.),
     International handbook of giftedness (pp. 295-316). New York:
     Springer.

13 Glaser, R., & Chi, M. T. H. (1988). Overview. In M. T. H. Chi, R. Glaser, & M. J. Farr (eds.), *The nature of expertise*. Hillsdale, NJ: Lawrence Erlbaum associates.

14 Hallam, S. (2010). Transitions and the development of expertise. *Psychology Teaching Review*, 16(2), 3–32.

15 Jorgensen, H., & Hallam, S. (2016). Practising. In S. Hallam, I. Cross, & M. Thaut (eds.), *Oxford handbook of music psychology* (2nd edition, pp. 449–462). Oxford: Oxford University Press.

16 Fitts, P. M., & Posner, M. I. (1967). *Human performance*. Belmont, California: Brooks Cole.

17 Altenmüller, E. O. (2003). How many music centres are in the brain? In I. Peretz & R. Zatorre (eds.), *The cognitive neuroscience of music* (pp. 346–356). Oxford: Oxford University Press.

18 Gardner, H. (1983). *Frames of mind: The theory of multiple intelligences*. New York: Basic Books.

19 Gordon, E. E. (2007). *Learning sequences in music: A contemporary music learning theory*. Chicago: GIA.

20 Hallam, S., & Prince, V. (2003). Conceptions of musical ability. *Research Studies in Music Education*, 20, 2–22.

21 Hallam, S. (2010). 21st century conceptions of musical ability. *Psychology of Music*, July, 38(3), 308–330.

22 Müllensiefen, D., Gingras, B., Musil, J., & Stewart, L. (2014). The musicality of non-musicians: An index for assessing musical sophistication in the general population. *PLoS ONE*, 9(2): e89642. https://doi.org/10.1371/journal.pone.0089642

23 Hallam, S., & Gaunt, H. (2012). *Preparing for success: A practical guide for young musicians*. London: Institute of Education Press.

24 Hallam, S. (2016). Musicality. In G. McPherson (ed.), *The child as*

musician: A handbook of musical development (2nd edition, pp. 69-80). Oxford: Oxford University Press.

07 전문적 음악 기량 개발

1   Webb, M., & Seddon, F. A. (2012). Musical instrument learning, music ensembles, and musicianship in a global and digital age. In G. E. McPherson & G. F. Welch (eds.), *The Oxford handbook of music education, Volume 1* (pp. 752-768). Oxford: Oxford University Press.

2   Ericsson, K. A., Krampe, R. T., & Tesch-Römer, C. (1993). The role of deliberate practice in the acquisition of expert performance. *Psychological Review*, 100(3), 363-406.

3   Sudnow, D. (1978). *Ways of the hand: The organisation of improvised conduct*. London: Routledge and Kegan Paul.

4   Hallam, S. (2010). Transitions and the development of expertise. *Psychology Teaching Review*, 16(2), 3-32.

5   Jorgensen, H., & Hallam, S. (2016). Practising. In S. Hallam, I. Cross, & M Thaut (eds.), *Oxford handbook of music psychology* (2nd edition, pp. 449-462). Oxford: Oxford University Press.

6   Hallam, S., Rinta, T., Varvarigou, M., Creech, A., Papageorgi, I., & Lani, J. (2012). The development of practising strategies in young people. *Psychology of Music*, 40(5), 652-680.

7   Blacking, J. (1973). *How musical is man?* Seattle: University of Washington Press.

8   Hallam, S., Creech, A., Papageorgi, I., Gomes, T., Rinta, T., Varvarigou, M., & Lanipekun, J. (2016). Changes in motivation as expertise develops: Relationships with musical aspirations. *Musicae Scientiae*, 20(4), 528-550.

9   Creech, A. (2016). The role of the family in supporting learning. In S. Hallam, I. Cross, & M. Thaut (eds.), *Oxford handbook of music psychology* (2nd edition, pp. 493-507). Oxford: Oxford University Press.

10 Hallam, S. (2016). Motivation to learn. In S. Hallam, I. Cross, & M. Thaut (eds.), *Handbook of psychology of music* (2nd edition, pp. 479-492). Oxford: Oxford University Press.

11 Hallam, S. (2010). 21st century conceptions of musical ability. *Psychology of Music*, 38(3), 308-330.

12 Davidson, J. (2012). The role of bodily movement in learning and performing music: Application for education. In G. E. McPherson & G. F. Welch (eds.), *The Oxford handbook of music education, Volume 1* (pp. 769-783). Oxford: Oxford University Press.

13 Papageorgi, I., & Kopiez, R. (2012). Psychological and physiological aspects of learning to perform. In G. E. McPherson & G. F. Welch (eds.), *The Oxford handbook of music education, Volume 1* (pp. 731-751). Oxford: Oxford University Press.

14 Altenmüller, E. (2006). Hirnphysiologische Grundlagen des Übens [Neurophysiological foundations of practising]. In U. Mahlert (ed.), *Handbuch Üben* (pp. 47-66). Wiesbaden: Breitkopf & Härtel.

08 지적 기능에 미치는 음악의 효과

1   Hallam, S. (2014). *The power of music: A research synthesis of the impact of actively making music on the intellectual, social and personal development of children and young people*. London: iMERC.

2   Moreno, S., & Besson, M. (2006). Musical training and language-related brain electrical activity in children. *Psychophysiology*, 43, 287-291.

3 Rauscher, F. H., & Hinton, S. C. (2011). Music instruction and its diverse extra-musical benefits. *Music Perception*, 29, 215-226.

4 Strait, D., & Kraus, N. (2011). Playing music for a smarter ear: Cognitive, perceptual, and neurobiological evidence. *Music Perception: An interdisciplinary journal*, 29(2), 133-146.

5 Putkinen, V., Tervaniemi, M., & Huotilainen, M. (2013). Informal musical activities are linked to auditory discrimination and attention in 2-3-year-old children: An event-related potential study. *European Journal of Neuroscience*, 37(4), 654-661.

6 Moreno, S., Marques, C., Santos, A., Santos, M., Castro, S. L., & Besson, M. (2009). Musical training influences linguistic abilities in 8-year-old children: More evidence for brain plasticity. *Cerebral Cortex*, 19, 712-723.

7 Hallam, S. (2017). The impact of making music on aural perception and language skills: A research synthesis. *London Review of Education*, 15(3), 388-406.

8 Moreno, S., Friesen, D., & Bialystok, E. (2011). Effect of music training on promoting preliteracy skills: Preliminary causal evidence. *Music Perception*, 29, 165-172.

9 Corrigall, K. A., & Trainor, L. J. (2011). Associations between length of music training and reading skills in children. *Music Perception*, 29, 147-155.

10 Miendlarzewska, E. A., & Trost, W. J. (2014). How musical training affects cognitive development: Rhythm, reward and other modularing variables. *Frontiers of Neuroscience*, 20(7), 279. doi: 10.3389/fnins.2013.00279

11 Cohen, M. A., Evans, K. K., Horowitz, T. S., & Wolfe, J. M. (2011). Auditory and visual memory in musicians and nonmusicians.

Psychonomic Bulletin & Review, 18, 586–591.

12 Hetland, L. (2000). Learning to make music enhances spatial reasoning. *Journal of Aesthetic Education, 34(3/4), Special Issue, The Arts and Academic Achievement: What the evidence shows (Autumn–Winter, 2000)*, 179–238.

13 Črnčec, A., Wilson, S. J., & Prior, M. (2006). The cognitive and academic benefits of music to children: Facts and fiction. *Educational Psychology: An International Journal of Experimental Educational Psychology*, 26(4), 579–594.

14 Vaughn, K. (2000). Music and mathematics: Modest support for the oftclaimed relationship. *Journal of Aesthetic Education*, 34(3–4), 149–166.

15 Jaschke, A. C., Eggermont, L. H. P., Honing, H., & Scherder, E. J. A. (2013). Music education and its effect on intellectual abilities in children: A systematic review. *Reviews in the neurosciences*, 24(6), 665–675.

16 Schellenberg, E. G. (2011). Examining the association between music lessons and intelligence. *British Journal of Psychology*, 102, 283–302.

17 Hurwitz, I., Wolff, P. H., Bortnick, B. D., & Kokas, K. (1975). Non–musical effects of the Kodaly music curriculum in primary grade children. *Journal of Learning Disabilities*, 8, 45–52.

18 Schellenberg, E. G. (2004). Music lessons enhance IQ. *Psychological Science*, 15(8), 511–514.

19 Costa–Giomi, E., & Ryan, C. (2007). *The benefits of music instruction: What remains years later*. Paper presented at the Symposium for Research in Music Behaviour, March, Baton Rouge, LO.

20 Sluming, V., Barrick, T., Howard, M., Cezayirli, E., Mayes, A., & Roberts, N. (2002). Voxel – based morphometry reveals increased

gray matter density in Broca's area in male symphony orchestra musicians. *Neuroimage*, 17(3), 1613–1622.

21 Nutley, S. B., Darki, F., & Klingberg, T. (2013). Music practice is associated with development of working memory during childhood and adolescence. *Frontiers in Human Neuroscience*, 7, 926. doi.org/10.3389%2Ffnhum.2013.00926

22 Moreno, S., Bialystok, E., Barac, R., Schellenberg, E. G., Cepeda, N. J., & Chau, T. (2011). Short-term music training enhances verbal intelligence and executive function. *Psychological Science*, 22, 1425–1433.

23 Hallam, S., & Rogers, K. (2016). The impact of instrumental learning on attainment at age 16: A pilot study. *British Journal of Music Education*, 33(3), 247–261.

24 Creech, A., Gonzalez-Moreno, P., Lorenzino, L., Waitman, G. et al. (2016). *El Sistema and Sistema-inspired programmes: A literature review of research, evaluation and critical debates* (2nd edition). San Diego, California: Sistema Global.

25 Corrigall, K. A., Schellenberg, E. G., & Misura, N. M. (2013). Music training, cognition, and personality. *Frontiers in Psychology*, 4: 222. doi: 10.3389/ fpsyg.2013.00222

26 Creech, A., Hallam, S., Varvarigou., & McQueen, H. (2014). *Active ageing with music: Supporting well-being in the third and fourth ages*. London: IOE Press.